新潮文庫

老後破産

—長寿という悪夢—

NHKスペシャル取材班 著

新潮社版

10856

はじめに

2013年8月、新宿西口の居酒屋に呼び出された。

焼き魚の煙が充満する店で待っていたのは、板垣淑子《よしこ》プロデューサーと宝代智夫《ほうだいのりお》カメラマン。2人とも2006年から07年にかけて放送したNHKスペシャル『ワーキングプア』という番組を共に制作したかけがえのない仲間だ。

「高齢者の抱える問題を取り上げるので、また一緒に番組をやりませんか」

断る理由もない。無論即答である。こうしてその年の11月24日、ひとり暮らしの高齢者の認知症問題を取り上げたNHKスペシャル『〝認知症800万人〟時代　〝助けて〟と言えない〜孤立する認知症高齢者〜』を放送した。それに続く番組が、本書のテーマである「老後破産」である。

聞きなれない言葉だと思うが、高齢者の暮らしを支える「お金」の問題に焦点を当てるために、板垣プロデューサーが考えだした造語だ。

ひとり暮らしの高齢者が600万人に迫る中、年収が生活保護水準を下回る人はおよそ半数。このうち生活保護を受けている人は70万人。残る人たちの中には預貯金など十分な蓄えがある人もいるが、それを除くと、ざっと200万人余のひとり暮らしの高齢者は生活保護を受けずに年金だけでギリギリの生活を続けている。彼らが病気になったり介護が必要になったりすると、とたんに生活は破たんしてしまう――。

板垣プロデューサーは、このような高齢者の境遇を「老後破産」と呼ぶことにしたという。

説明を聞きながら頭に浮かんだのが、『ワーキングプア』の時に私たちが取材した、秋田県仙北《せんぼく》市の鈴木勇治さん（当時74歳）のことだった。鈴木さんは洋服の仕立て屋を営んでいたが、地方が衰退する中、売り上げは伸びず、年収は24万円あまり。それに毎月6万円の年金で暮らしていた。一回の食事にかけられる費用は100円から200円。取材した日のおかずはイカの缶詰と3パック99円の納豆だけだった。鈴木さんには寝たきりで入院している奥さんがいた。1か月の入院費は6万円。鈴木さんの年金はこの入院費に充《あ》てられていた。

それなら生活保護を受ければ、と思うだろうが、鈴木さんには100万円の預金があった。生活保護を受けるには財産とみなされる預金を取り崩す必要がある。鈴木さんは、決してこの預金に手を付けようとはしなかった。妻の葬儀代にあてるための大切なお金だからだ。典型的な「老後破産」の境遇だといえる。

「結局、貧乏人は早く死ねということか」

とつぶやく鈴木さんの言葉は、私の胸に深く突き刺さった。

番組終了後もスタッフは鈴木さんと連絡を取り合っていた。入院していた奥さんはその後亡《な》くなり、鈴木さんは奥さんのために盛大な葬儀を行ったという。その後、病気がちになった鈴木さんは店をたたんだ。蓄えを葬儀に使い果たしたことで生活保護を受けることが可能になり、今は施設で暮らしている。残酷な言い方かもしれないが、妻の死と引き換えに最低限の生活が保障されたということになる。そういう仕組みであり、それが現実なのだろうが、不条理さ、割り切れなさを感じてしまう。

今、お年寄りを取り巻く環境は極めて厳しい。少子高齢化が急速に進む中、年金、医療、介護といった社会保障給付費は、国民所得額の30％以上を占めている。現役世代が65歳以上の高齢者を何人で支えるかをみてみると、１９９０年は５・８人でひとりの高齢者を支えていたものが、２０１０年には２・８人、２０３０年には１・８人と、ほぼ現役世代ひとりで高齢者ひとりを支える構造に近づいている。

「自分たちだけ恵まれやがって」

という声も若い世代から聞こえてくる。世代間の厳しい対立だ。憲法が保障する最低限度の水準である生活保護についても、「もらい過ぎではないか」という批判や不正受給問題をことさら取り上げる一部マスメディアなどの言説も目立つ。

そして必ず出てくる、

「そうなったのはあなたの責任でしょ」

という自己責任論。

こうした高齢者を取り巻くがんじがらめの状況を、そのまま放置していていいのだろうか。私たちはそうした立場をとらない。厳しい状況の中だからこそ「最適解」を見出《みいだ》そうとする社会であって欲しいと願う。

本書は2014年9月28日放送のNHKスペシャル『老人漂流社会～〝老後破産〟の現実～』をベースに、番組で紹介しきれなかった高齢者の現実も含めて描き直したルポである。「老後破産」の高齢者を仕方ないと切り捨てるのか、問題解決に向けて一歩踏み出すのか。何よりもまず、今何が起きているのか現実を見つめることからスタートしなければならない。

「現場」からしか議論は始まらないのだ。

目次

老後破産

長寿という悪夢

取材対象者の年齢・肩書き、および
各種データは取材当時のものである。

序章　「老後破産」の現実

こんな老後を予想できなかった。

今、超高齢社会を迎えた日本で「老後破産」ともいえる現象が広がっている。

年金で暮らしていた高齢者が病気やケガなど、誰にも起こり得る日常生活のささいな出来事がきっかけとなり、自分の収入だけでは暮らしていけずに破たんしてしまうケースが相次いでいるのだ。

「お金がなくて、病院に行くことをガマンしている」

「年金暮らしなので、食事は1日1回。1食100円で切り詰めている」

まぎれもなく現代の日本で、ごく普通の人生を送ってきた高齢者たちが直面する現実だ。

なぜ、こうした事態が広がっているのか――その背景には、世帯あたりの収入が過去20年近く減り続けている状況がある。働く世代の年収も下がり続けているが、高齢者ひとり当たりの年金収入も減り続けている。さらに、拍車をかけているのが「単身化」、ひとり暮らしの高齢者が600万人を超える勢いで急増していることだ。夫婦で暮らしていれば、2人分の年金を合算して生活を維持することができていても、いずれかが亡《な》くなれば、ひとり分の年金で暮らしていかなくてはならない。

しかし、ひとり暮らしの年金収入を分析したところ、およそ半数、すなわち300万人近くが生活保護水準を下回る120万円未満であることが分かってきたのだ。すでに生活保護を受けている70万人余を除く、200万人余の中には、年金収入だけで暮らしていくのはギリギリという人も少なくない。収入を月額に換算すれば10万円未満、国民年金（満額で6万5千円程）に加えて厚生年金をもらっているサラリーマンも含まれる。

多くの人たちは十数万円の年金をもらっていれば、それほど大変な事態に直面するとは思ってもいないだろう。しかし、十数万円の年金に加えて自宅を所有していて、ある程度の預貯金がある人でも、ジワジワと追いつめられ、「老後破産」に陥ってしまうケースが少なくないことが取材で分かってきたのだ。

「こんな老後を予想できなかった」

私たちが取材した多くの高齢者は、「老後破産」に陥ってしまうことなど、あり得ないと思って暮らしてきた人たちだ。サラリーマン、農家、自営業……それぞれ老後に備えてきたつもりの人たちが「まさか自分が『老後破産』するなんて」と呆然《ぼうぜん》と話していた。

「老後破産」のきっかけとなるのは、病気やケガなど、高齢になれば誰にでも起こり得る事態だ。とりわけひとり暮らしで支えてくれる家族がいない場合、医療費や介護費用は重い負担となる。まだ身体《からだ》の無理がきくうちには、できるだけ我慢して病院へ行かなかったとしても、いずれ重症化したり、寝たきりになったりして、訪問介護や医療を受けなければ暮らしていけなくなる。その費用を自力で負担できない場合、生活保護を受けることになる。そうした追いつめられた状況にありながら、年金だけでギリギリの生活を続けている状況を「老後破産」と位置づけたのだ。

10万円の年金収入があれば、元気なうちはひとり暮らしを何とか維持することができる。しかし、手術が必要な病気になったり、ケガで入院が必要になったりすれば――たとえ預金があっても、それを取り崩していけば――いずれ「老後破産」に陥ってしまう。

そもそも、年金額が生活保護水準以下であれば、権利として認められているのが生活保護だ。憲法25条では、「すべて国民は、健康で文化的な最低限度の生活を営む権利を有する」としていて、この条文に基づいて、生活保護制度が保障されている。自治体によって差はあるが、単身者に支給される生活保護費は、月額13万円前後。収入がこれを下回る場合、差額を生活保護費として受け取る権利がある。しかも、生活保護を受ければ、医療費や介護費用は無償となる。つまり安心して病院に行けることになるのだ。

しかし、実際に生活保護を受けている高齢者の割合は10%程度で、ほとんどの人は生活保護に頼らずに年金収入だけで切り詰めた生活を送っている。「身体の不調があっても、我慢できるうちは病院に行かない」と、医療費まで節約している人も少なくない。

自分の収入や貯《たくわ》えだけで踏ん張って暮らしている高齢者が医療や介護まで節約せざるを得ない状況にある一方で、いったん生活保護を受ければ、医療や介護は無償で受けられるというのが今の生活保護制度だ。しかし、自分の力で頑張っている人にこそ、支援したいと感じている福祉現場では、制度の行き届かない部分にある「モヤモヤ感」を口にする人が少なくない。

さらに大きな矛盾を感じるのは、自宅を所有している高齢者が生活保護を受けにくい現実だ。一生懸命働いて、ようやく手に入れた思い出の家を手放したくないという人は、自宅を売却して生活費に充《あ》てた後でなければ、原則として生活保護を受けられない。もし自宅を手放したくないというのであれば、年金の範囲内で暮らしていかなくてはならないことになる。

たとえば夫の亡き後、遺産として広大な自宅を所有し、ひとり暮らしをしてきた妻の年金額が十数万円であれば、どうなるだろうか。元気なうちは、悠々自適な暮らしだろう。しかし、ガンなどの大病を患《わずら》ったら──今、60代の高齢者の医療費は、現役世代と同じ3割負担。75歳未満では段階的に2割負担。病気にかかりやすい75歳以上の高齢者は原則「1割」負担（収入に応じて負担は重くなる）となっている。

年金暮らしでも、光熱費や公共料金、医療や介護の保険料なども払う必要があるため、それらを支払って手元に残るお金の中から医療費を捻出《ねんしゅつ》しなければならない。治療が長引いたり、慢性病だったりすれば、長期間、医療費を支払い続けなければならない。

医療費の支払いなどのために持ち家を売却してしまうと、賃貸住宅に住むことになる。家賃を払いながら医療費などを捻出していれば、家を売却した預金もいずれ底をついてしまう。

こうして、当初は生活に余裕があるように見える高齢者でも、「老後破産」が避けられないケースが相次いでいるのだ。

こうした「老後破産」の拡《ひろ》がりを伝えたNHKスペシャル『〝老後破産〟の現実』は、2014年9月に放送し、直後から数多くの反響が寄せられた。きわだって多かったのが40代から50代、これから老後を迎える人たちからの反響だった。

「非正規で働いている私は、年金の未納者です。結婚もしていない自分には、『老後破産』しかありません。長生きなんてしたくないと思っています」（40代男性）

「専業主婦をしながら、義理の両親を介護しています。しかし私には介護してくれる子がいません。老人ホームに入る貯えもないので、家で孤独死するしかないでしょうか」（50代女性）

「『老後破産』しそうな親を抱えている私も無職です。認知症の親の年金8万円で2人で暮らしています。将来に希望なんて持てるはずもありません。」（50代男性）

社会保障費を抑制していく国の方針のもとで、年金額は引き下げられ、医療費や介護費用の負担は増している。なおさら老後の暮らしは厳しさを増していくと見られている。

こうした時代の下、親を介護する世代でもあり、自らの老後が差し迫っている中高年にとって「老後破産」は他人事《ひとごと》とは言えない問題だと受け止められたのだろう。

高齢者から寄せられた反響は、番組の登場人物と自分の人生を重ね合わせるものが多かった。

「年金4万円では暮らしていけず、生活保護を受けています。楽しみもなく、毎日、いつ死ねるのかと考えています」（80代女性）

「年金は毎月16万円もらっていますが、出費は16万円を超えるのです。それでも贅沢《ぜいたく》しているわけではありません。医療や介護を節約している、とありましたが、私の場合は節約すれば死しかありません」（70代男性）

私たち取材スタッフの中で何度も議論したのが、「老後破産」に追いつめられていく高齢者たちが異口同音に発する「死にたい」という言葉だ。同じ立場に立たされた視聴者からの反響も、この言葉に触れているものが多かった。

一生懸命働けば、悠々自適の老後が待っているはずではなかったのか――そう憤《いきどお》っていた人もいた。

「死ぬこともひとりでは、できない」――そう言って涙を流したお年寄りもいた。

番組のポスターには「長寿という悪夢」というキャッチコピーがあった。

その言葉を見ながら、「死にたい」とつぶやいていた何人ものお年寄りの顔が浮かんでは消えた。「老後破産」に追いつめられていく日々は、まさに生き地獄であり、「長寿という悪夢」を呪《のろ》っていたのではなかろうか。

今、老後に漠然とした不安を抱く人は少なくない。しかし、自分の親や身近な人が「老後破産」しかねないことを想像できるだろうか。「老後破産」は対岸の火事ではない。私たちのすぐそばで起きている日常なのだ。

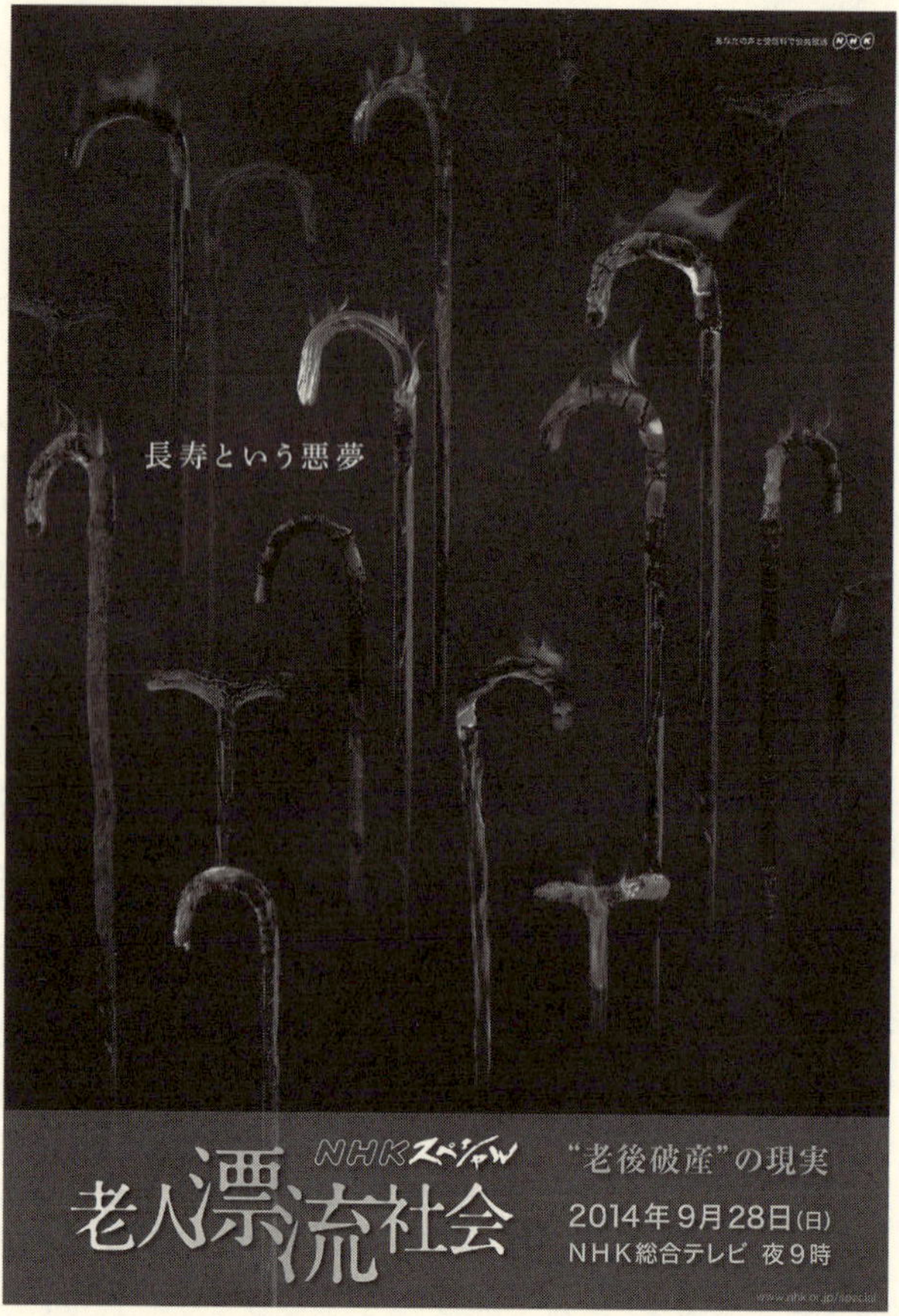
長寿という悪夢
NHKスペシャル
老人漂流社会
“老後破産”の現実
2014年9月28日(日)
NHK総合テレビ 夜9時

ポスター制作　浅生鴨

第1章 都市部で急増する独居高齢者の「老後破産」

本心を言うとね、早く死にたいんですよ。死んでしまえば、お金の心配はしなくていいし、今、こうやって生きているのも誰のために生きているのか、正直わからない――

「年金だけでは暮らしていけない」

六本木や表参道など、お洒落《しやれ》な若者たちでにぎわう繁華街がある東京・港区。独居高齢者が急増する都市部の中でも、とりわけひとり暮らしの高齢者の孤立が深刻だと自治体が対策に乗り出している地域だ。閑静な高級住宅地の一角にあるアパートを訪れたのは、2014年8月の初めの頃だった。高級外車が並ぶ邸宅から通りを隔てたところに、築50年余りの古い木造アパートがあった。

そのアパートでひとり暮らしをしている男性を取材するために、アパートの1階、廊下の一番手前にある部屋を訪ねた。男性は、訪問客を待つように、扉を開けて待ってくれていた。

「こんにちは。きょうはよろしくお願いします」

玄関先で挨拶《あいさつ》の声をかけると、男性は自宅に招き入れてくれた。

「ちらかっているでしょ。恥ずかしいんだけど……」

おおらかな笑顔で取材に応じてくれたのは、83歳になる田代孝さん。玄関から入ると、すぐに3畳ほどの小さな台所があり、その奥に6畳の部屋がある。合わせても10畳に満たない狭さだが、掃除をしていないせいかゴミが散乱し、布団《ふとん》も敷きっぱなし。田代さんは散乱している物を奥の部屋へ押しやるようにして、台所に座り込んだ。

「部屋がちらかっているんでね。申し訳ないけど、ここで話をしてもいいですか？」

私たちも台所に座り込んだ。目線が下がると、部屋の様子がよく見えてきた。

玄関先には、洗濯物なのか、汚れた衣服が山のように積み上げられている。台所の水回りには、食事を作る時に使った鍋《なべ》やフライパンが洗わずに放置されている。奥に目を向けると、敷きっぱなしの布団の上に、物が散乱している。

「この歳《とし》になるとね、ちらかっていると分かっていても億劫《おっくう》になって片付けようという気力も体力もなくなってしまったんですよ」

田代さんは、初めて出会った私たちに恥ずかしそうに言った。

「年金だけでは安心して老後を暮らせないという高齢者が増えています。ひとり暮らしですと、支えてくれる家族もいなくて、大変な思いをされている方も増えていると聞いています。きょうはその取材で伺いました」

説明を聞きながら「うん、うん」と何度もうなずき、田代さんは自分の老後を振り返っているようだった。

「本当にそういう人は多いだろうと思うね。私も真面目《まじめ》に働いてきたつもりなのに、まさか、こんなことになるなんて思いもしなかったですよ」

田代さんは、白髪がフサフサとしていて、細身、歩くのも速く、一見、80歳過ぎには見えないほど若々しい。お洒落が好きなのか、緑色のパーカーにジーンズがとても似合っていた。しかし、話を聞くうちに「細身」なのは、食事を切り詰めているからだと知って、まず、驚いた。2か月に1度の年金支給日の前になると、いつも食べる物を買うお金もなくなるほど厳しい生活を送っているというのだ。

「次の年金支給日はあと数日後でしょ。だから、今は、ほとんどお金がなくなってしまって。買い置きしてあった冷麦を少しずつ食べているんですよ」

見せてくれたのは、2束100円ほどの乾麺《かんめん》の冷麦だった。

田代さんの収入は、年金が月額10万円ほど。家賃は6万円なので残り4万円で生活している。光熱費などの公共料金に加え、保険料などを支払うと、手元には生活費が2万円しか残らない。家賃が重くのしかかっているが、余裕のない生活で貯金もできず、引っ越し費用も手元にないため、お手上げの状態だ。

田代さんがもらっている年金は満額6万5千円の国民年金に加え、会社員として働いていた時期に企業で積み立てていた厚生年金だ。独居高齢者の半数ほどが年金収入

〈田代さんの収支〉

●収入（月額）

国民年金＋厚生年金＝10万円

●支出（月額）

家賃＋生活費など＝6万円＋4万円＝10万円

残高　0円

（月額）10万円に満たないことから、

「もっと安いところに引っ越したら生活が楽になるんじゃないですか」

田代さん本人にたずねると、返ってきた言葉はどうにかしたくてもどうすることもできない現実だった。

「毎月の生活費に追われているのに、引っ越し代なんかあるわけないじゃないですか」

月2万円ほどの生活費で何とか生活してきたが、食費も切り詰めなければならないほど厳しいものだったのだ。引っ越しをしたら楽になるか、という問いかけは田代さんには、酷な質問だったかもしれない。相手のおかれた立場を考えずに質問を投げかけてしまったことを悔やんだが、田代さんは気にする風もなく、取材に応じてくれていた。

仕事に追われてきた田代さんは、結婚をしなかったため、頼れる家族がいない。両親も他界し、兄と弟はいるがもう何年も連絡をとっておらず、疎遠《そえん》になっている。

「こんな苦しい時だけ『助けてくれ』なんて泣きつくわけにもいかない」

田代さんは、たったひとり、ぎりぎりの年金で踏ん張っていた。年金支給日が近づく頃になると、財布の中に数百円しかなくなってくる。その最後のお金で100円ショップの冷麦を買い置きして、支給日まで食べつなぐのが、田代さん流の「やりくり」だった。

追いつめられていく日々

田代さんが普段、切り詰められるだけ、ギリギリ切り詰めているのが食費だ。常に1日500円以下の生活を心掛けている。昼食を買いに行くという田代さんと一緒に近所のスーパーへ出かけたことがあった。私たち取材スタッフは田代さんに声をかけた。

「お昼ご飯を一緒に食べませんか？」

すると、普段は足を向けないお弁当コーナーで立ち止まり、じっくりと吟味していた。迷った末に選んだのが300円のシャケ弁当。普段、昼食は、おにぎり1個で済ませていて、何も食べない時もよくあると実状を話してくれた。

そんな田代さんにとってのスペシャルデーが年金支給日だ。振り込みを確認した直後だけ、自分に許している贅沢《ぜいたく》がある。近所にある大学の生協食堂で食べる400円の定食ランチだ。学生向けの食堂だから、安くて栄養満点、ボリュームもありお気に入りだという。

「温かいお味噌汁《みそしる》がついて、おしんこもついてくるんですよ。それで400円だからね、嬉《うれ》しいよね」

田代さんの表情は本当に嬉しそうだった。

しかし、ぎりぎりの年金生活といっても、食費を「ゼロ」にすることはできない。食費を削れるだけ削っても足りない生活費を補うため、もうひとつ、節約しているのが電気代だ。田代さんが天井を指差すと、そこには電気のつかない蛍光灯がぶらさがっていた。

「数か月前かな……電気代を払っていなかったら、延滞で電気を止められたことがあるんですよ。ちょうど生活費を節約したかったから、それ以来、電気は通していません」

電気代は、ひとり暮らしの場合、月に5千円は少なくてもかかる。田代さんは、その出費も節約することで、赤字を防ぐことにしたのだ。「老後破産」寸前ともいえる状況だった。

電気がない生活を想像できるだろうか。私たちの暮らしに電気は欠かせないものになっている。しかし、田代さんは、電気を一切、使わずに生活している。ある日、洗濯をしようと立ち上がった田代さんが向かったのは、台所の流し台だ。洗濯機は使うことができないため田代さんの洗濯はすべて手洗いだ。しかも、洗濯用の洗剤が切れてしまったため、使っているのは食器用洗剤だった。食器を洗うための桶《おけ》に衣類を入れ、その上から液体の食器用洗剤をかけると、そこに水を勢いよく注いだ。

ゴシゴシゴシゴシ。

田代さんは、黙々と手洗いで洗濯をしていた。部屋はエアコンが使えないため蒸し暑く、少しでも外の風を入れようとドアを開けたままにしていた。そこからセミの鳴く声が「ミーンミーン」と、うるさいほど聞こえてくる。

ゴシゴシゴシゴシ。

「ミーンミーン」

ゴシゴシゴシゴシ。

「ミーンミーン」

昭和の初期にトリップしたかのような光景――セミの大合唱を聞きながら、手洗いで洗濯をする田代さんの背中を見ていると、これが「今」起きている現実なのか、と思わずにいられなかった。節約のために電気を使わず、食費も切り詰め、それでも破産寸前の高齢者たちが、支援の行き届かない中でじっと耐える姿があった。その背中を見ながら、自分の老後を不安に思わずにいられなかった。

ゴシゴシゴシゴシ。

「ミーンミーン」

ゴシゴシゴシゴシ。

「ミーンミーンミーン」

洗濯が続き、セミも鳴き続けている――東京でも屈指の高級住宅街の一角で暮らしている、ある高齢者の現実だった。

電気を使えない田代さんにとって、一番辛《つら》いのは、テレビを見ることができないことだった。

話し相手がいない高齢者にとって、テレビほど頼りになる存在はない。そのテレビが見られない田代さんにとって、唯一《ゆいいつ》の楽しみがラジオを聴くことだ。愛用しているのは何十年も前に買ったというポケットラジオだ。ひとりぼっちで、何もすることがなくなると、ラジオの出番だ。田代さんのアパートの部屋は、夜になると真っ暗闇《くらやみ》。本を読むことさえできない。そんな状況の中で、乾電池で聴けるラジオは必需品だ。

「会社勤めをしていた頃の名残なのか、特にニュースを聴くのが好きなんですよ。今、世の中でどんなことが起きているのか、知らないままだと、何だか落ち着かなくてね」

真っ暗闇の部屋で布団の上で大の字になって寝ている田代さんの傍らで、ラジオは経済ニュースを伝えていた。

〈かつて、日本の高度経済成長を支えた製造業ですが、今は製造拠点の海外移転や輸入される外国勢に押されめっきり衰退していて、製造業に従事する人も少なくなっており……〉

ラジオが伝える今の日本を田代さんはどう聴いているのか、暗がりの中で表情を確かめることはできなかった。ラジオの音は、その後も響き続けていた。

必死で働いてきても「報われない老後」

田代さんは、旧制中学を卒業したあと、ビール会社に就職した。大学に進学したいと思っていたが、断念したのは家計に余裕がなかったためだ。幼いころに父親を亡《な》くした田代さんを、母親は働きながら育ててくれた。ひとりで3人の子どもを抱え、家事をしながら働いてきた母には、大学へ行きたいという願いさえも伝えることができなかった。

ビール会社に就職したのは、会社が銀座にあって「かっこいい」と思ったこともあった。会社が直営するビアホールでウエイターをしたり、経理の仕事をしたりしながら、休むことなくコツコツと12年間働いた。田代さんが受けている厚生年金はこの会社員時代に支払っていた分だ。

「これが現役時代に着ていたものなんですよ」

田代さんが手にしたのは、ハンガーにかけてあった背広だった。かなり昔に買ったものだろうが、大切にとっていたのか、色あせることもなくまったく古びていなかった。

「背広を着る機会はあるんですか」

何気なくたずねてみた。すると、背広を着て見せてくれた。

「背広だけは何となく捨てられなくてね……押し入れの中にはまだ何着もあるんですよ」

上下、背広を着た田代さんは、背筋をしゃんと伸ばし表情も少し誇らしげだ。毎日、通勤していた会社員だった頃の田代さんを彷彿《ほうふつ》とさせた。今でも、地域の催しなどがあれば、背広を着て「正装」して行くと話してくれた。田代さんが背広を着て出かける機会があるんだということに、少し驚き、それ以上に嬉しかった。田代さんが――たとえ「老後破産」寸前であろうとも――プライドをもって生きている、ということを実感できた瞬間だった。

会社勤めを辞めたのは「自分でビアホールを経営したい」という夢が大きくなっていったからだ。

40歳を過ぎると、一念発起して、独立することを決断した。会社を退職して、預金と退職金を合わせ、足りない分は借金もして小さな居酒屋をもった。最初は順調だった店は、景気が悪化するにつれ経営が傾き、赤字続きになっていった。10年経《た》った頃、経営が破たんし、倒産した。当時の出来事については、あまり思い出したくないのか、田代さんはそれほど多くを語ろうとしない。

「仕事一筋で、結婚をすることができなかったよ」

その頃の話をする時は、いつもさみしそうな表情を浮かべる。「夢は実現できる」

と信じて、朝から晩まで働き続けていた頃、田代さんは、仕事以外のことは考えられなかったという。

「これは、私が描いたんだよ」

田代さんは、働いていた当時、絵を描くことだけが息抜きだったと話しながら、たくさんの絵を見せてくれた。ゴッホやピカソなどの名画を模写したもの、旅行先で描いた風景画、人物画など100枚はゆうに超えるたくさんの絵が大切に保管されている。色使いや筆のタッチなど、素人目《しろうとめ》にも目を見張るような作品の数々だ。意外な才能があるんだ、と新鮮な驚きをもって絵を見ていくうちに、ふと、1枚の絵に目が止まった。

「これは、どなたですか？」

黒いスーツを着て、口ひげを生やしている初老の男性の絵だった。体格も立派で、堂々とした紳士が描かれていた。

「これは、私なんですよ。年老いていったら、こうなるんじゃないかなあと思って描いた絵なの」

田代さんが、働いていた頃に「老後の自分」を想像して描いた自画像だった。飲食店を経営して、社長になっている自分を思い描いていたという。

「若い頃は、老後のことなんて考えないじゃないですか。毎日が忙しくて、毎日が楽しい。それでも、一生懸命働いてきて、まさか、こんな老後を迎えることになるなんて、思いもしなかった」

毎日が忙しくて、毎日が楽しい——働いている時代の田代さんは、仕事をするのが大好きだったという。その頃の写真を見せて欲しいと頼むと、小さな丸いバッジを差し出した。

それは、自分の顔写真を入れて作ることができるバッジだった。友人と出かけた旅行先でバッジを作ったという。

「このバッジは、箱根だったか、草津だったか、友だちと遊びに行った時作ったものですよ」

電車で旅をすることが大好きだった田代さんは、忙しい仕事の合間を見つけては、友人を誘って旅行を楽しんだ。

小さなバッジの中の田代さんは、優しく微笑《ほほえ》んでいた。その穏やかな笑顔を見ていると、ごく当たり前に暮らしていた人が「老後破産」に陥ることもある、という厳しい現実に身震いする思いだった。

生活保護が受けられない？

　そもそも年金額が低く、他に預貯金や財産もないため生活が困窮している人には、憲法25条で「生存権」が保障されているように、生活保護を受けることができるはずだ。しかし田代さんも、他の多くの低年金の高齢者と同じように生活保護を受けていなかった。なぜ、支援を受けようとしないのか、そこには制度の「壁」があることが分かった。

「田代さん、なぜ生活保護を受けられる権利があるのに、受けないのですか」

「いや。私は年金をもらっているから、生活保護は受けられないよ」

　田代さんは年金を10万円も受け取っているのに、これ以上、生活保護を受けることはできないと思い込んでいたのだ。

　自分には「生活保護を受ける権利がある」ことを知らなかったため、自治体に相談することもなかった。

　田代さんに限らず、年金を受けている高齢者たちに生活保護の制度は勘違いされていることが多い。さらに数十万円の預金を何かのためにとっておきたい、と思うと、その預金があるために「受けられない」という話はよく聞く。

一方、毎月10万円ぐらいの年金収入があるため、生活保護は受けられないと思い込んでいた人が、生活保護の制度で「住宅扶助」として賃貸住宅の家賃を補助してもらうことができることを知って驚いた、などというケースも散見される。田代さんも「年金がある人は生活保護を受けられない」と思い込んでいたひとりだったのだ。

ひとり暮らし世帯の収入を分析したところ、年収120万円未満（生活保護水準以下）しか収入がないにもかかわらず、生活保護を受けていない人は、およそ200万人余に上る。

もちろん、そうした中には、預金や株などの財産があり、生活保護を受ける必要のない人も希《まれ》にいるだろう。しかし、どの程度の収入があれば、生活保護を受けられるのか、といった明確で分かりやすい基準が示されていないために、多くの高齢者は「自分に生活保護を受ける権利があるのか」さえ分からないまま、我慢を強いられている。

情報が正確に伝わっていない高齢者に対して、積極的に訪問活動などで情報を周知していくためには、自治体が独自に訪問員を設置するなどの対策が必要となる。しかし、財政的に余力がない自治体側の事情も重なり、対策は追いついていないのが現状だ。

こうした現実は、単身高齢者の急増、年金支給額の減額、医療や介護にかかる負担額の増加など、より一層、「収入減」と「負担増」が進んでいく中、深刻化していく可能性が高い。

どうすれば「老後破産」の危機に直面する高齢者たちを救うことができるのか――難しい壁に直面している。

独居高齢者の実状を把握する

ひとり暮らしの高齢者が急激に増え、孤独死が多発するなど、深刻な事態が拡《ひろ》がっていることを受けて、東京・港区では大規模なアンケート調査を実施した。65歳以上でひとり暮らしをしている高齢者全員を対象にした調査で、およそ6千人の全員にアンケート用紙を配付。回答を得られた約4千人の中から、より詳細な聞き取りも行われた。自治体が「ひとり暮らしの高齢者」を対象に、経済状況などの実態把握をする取り組みは全国的にも珍しい。アンケートの調査結果について、明治学院大学の河合克義《かつよし》教授らが分析したところ、興味深い結果が出た。

富裕層が多く住むイメージのある港区でも、生活保護水準以下（年収150万円以下）の単身高齢者は、30％以上にのぼった（2011年調査）。そのうち、生活保護を受けている人はおよそ2割ほどだ。

つまり生活保護水準以下の収入しかないのに支援を受けずに取り残されている高齢者が、同水準で支援を受けている人よりはるかに多いことが分かったのだ。

アンケート結果を受けて危機感を持った港区では、今、対策に乗り出している。2011年から「ふれあい相談」事業を始め、ひとり暮らしの高齢者に訪問活動を徹底しているのだ。専門の相談員がひとり暮らしをしている高齢者のもとを訪ね、経済的に不安がないのか、生活面で不便や不自由はないのか、詳細に聞き取って、必要があれば生活保護や訪問介護などの公的サービスにつなげている。

田代さんと初めて会ったのも「ふれあい相談員」の訪問活動に同行取材をしたことがきっかけだった。

相談員は、田代さんが「老後破産」寸前の状態におかれていることを知ると、生活保護を受けられることを説明し、相談員の方で福祉事務所に問い合わせをした上、申請など必要な手続きを手伝うことも繰り返し説明していた。福祉サービスを利用することに遠慮がちな高齢者を福祉に結びつけていくには、こうした「仲介」する役割が重要な鍵《かぎ》を握っている。

田代さんを担当していた港区の相談員、松田綾子さんは社会福祉士の資格を持つ物腰の柔らかい女性だった。

「ひとりで訪問していて、大変な目に遭うこともあるのですか」

松田さんは笑顔を絶やさず、苦労は当たり前よ、と答えながら経験談を話してくれた。

「玄関先でいきなり、帰れ、と怒鳴られることだって珍しくないんですよ。もう慣れてしまいました」

港区では、支援する対象となる独居高齢者6千人に対して相談員は11人。全《すべ》てを訪問することは難しいため、経済的に困窮している世帯など、200世帯に絞って繰り返し訪問活動を行っている。1度の訪問では追い返されることも日常茶飯事で、何度も通い続けなければ、本当に困っていることなどを打ち明けてくれないと言う。

「収入や経済状況のこととなると、なかなか本当のことを教えてくれないんですよ。長い人では、1年近くかけて信頼関係を築いて、ようやく『実はお金に困っていて……』と聞き出せることも少なくないんですよ」

赤の他人に自分の収入が少ないことを知られたり、生活に困っていることを打ち明けたりするのは、確かに抵抗感がある。しかし、それを打ち明けてもらわなければ、支援に結びつけることはできない。相談員の仕事の難しさと重要性を改めて感じさせられた。

「実は、もうひとり、気がかりな高齢者がいる」

と、松田さんが話してくれた。その高齢者のもとを訪問する時、取材スタッフも同行させてもらった。築50年ほどの2階建てのアパート。錆《さ》びた鉄製の階段を2階に上がっていった松田さんは、呼び鈴のないドアをノックしながら、慣れた調子で呼びかけた。

「港区から来ました、ふれあい相談員です」

家の中から「はーい」と応じる声が聞こえてまもなく、ドアが開いた。顔を出したのは白髪の上品な女性だった。取材で同行していることを伝えると、匿名《とくめい》を条件に相談の場に立ち会わせてくれることになった。

80代の木村幸江さん（仮名）だ。軒先からのぞくと、アパートの間取りは3畳ほどの台所、その奥に6畳ほどの畳の和室が2部屋あった。木村さんは、国民年金しかないため、収入は毎月6万円余り。アパートの家賃を払うと、手元には一切、お金が残らない生活だった。70代までは、家政婦などの仕事をして収入を得ていたが、身体《からだ》が動かなくなった今、働くこともできないと話してくれた。

「生活保護を受けたらいかがですか？」

松田さんが何度勧めても、木村さんは「無理ですよ」という。実は、過去に、生活保護を受けたいと自治体の窓口で相談したことがあった。その時、数十万の預金があると言ったら、「なくなったら、また来てください」と言われたのだ。

「本当に預金がなくなったら、生活保護を受けられるのか。もし受けられなかったら、餓死するのではないか」

木村さんは預金がゼロになって、手元にお金がなくなった時に生活保護を受けられなければどうなるのかと、心配していた。そのため、預金をなるべく崩さず、食費などを切り詰めて暮らしている。しかし、それでも預金は目減りしていって不安が募っていた。

松田さんは、制度のことをきちんと理解してもらおうと説明を重ねた。

「預金が一定額にまで減ったら、生活保護を受けられます。安心して、すぐに連絡をください」

木村さんは、

「本当に預金がゼロになっても、助けてくれるのね」

と、何度も何度も確認していた。収入が少なく、預金もゼロになれば、明日の暮らしに不安を感じるのは当たり前のことだ。しかし、自治体の窓口で「預金があれば受けられない。預金がなくなってから来て下さい」と説明されるだけでは、不安が拭《ぬぐ》えないのも無理はないだろう。

「預金があれば生活保護を受けることはできない」

この原則は、生活保護の財源が税金であることを考えると、むろん理解できる。しかし、こうした〝決まり〟が一方で高齢者を追いつめる結果にもつながっていた。木村さんは、何度も訴えていた。

「生きていることが辛いんです」

松田さんは、その言葉に二の句が継げない様子だった。

「なぜそれほど辛いと感じるのですか」

その問いに、木村さんは振り絞るような声でつぶやいた。

「役所の人は、預金がなくなったらまた来いっていうけど、もし何らかの事情で生活保護が受けられなかったら、その時、私は死ぬしかない。預金を使って、なくしてしまえばいいって簡単に言うけど預金が少しずつ減っていくのはとっても怖いことなのよ。いつも何かに追われている気がして、夜も寝ることができないんです」

預金もわずかしかなく、いわば「老後破産」寸前の状況にある高齢者の多くは生活保護を受けられるかどうか、ギリギリのラインで精神的に追いつめられている人が少なくない。その人たちから何度も聞くことになったのが「死にたい」という心の叫びだ。そうした声を受け止めるたびに、励ますことも、なぐさめることもできずに、ただ聞くことしかできない自分を痛感する。

「私が寝たきりになったら、誰が介護してくれるの？　介護保険も使えるけど、それもお金があってのことでしょ。これで生活保護を受けられないなんてなったら、私はこの部屋でみじめに死ぬしかないわね」

夫を亡くした後、ひとり暮らしをしている女性は、いっそ夫の後を追って死にたいと何度も訴えていた。

「せめて自分の葬儀代くらいは取っておきたい」

50万円ほどの預金に手をつけられないため、生活保護を受けようとしない男性は、離れて暮らす子どもに迷惑をかけたくないからだ、と話してくれた。余裕のない暮らしをする子どもに、自分の葬儀のことで負担をかけたくない、と預金を残している男性。しかし、今の制度ではそのわずかな預金を残すことも許されない。

働いて収入を得ることが難しい高齢者にとって、預金は最後の砦《とりで》だ。その預金を使い果たしてしまうことがどれほど苦しいことなのか、不安を訴える声を何度も聞いてきた。これまで一生懸命に働き、社会の土台を支えてきたお年寄りがわずかな預金を手放すことを迫られ、「死にたい」とまで追いつめられてしまう現実――「老後破産」の拡がりをくい止めなければ、社会のモラルさえ崩壊しかねないと感じる取材だった。

「医者に行くお金もない……」

「老後破産」の寸前まで追いつめられた高齢者の中には、病気になっても病院に行くことさえガマンしてしまう人も少なくない。

港区のアンケートは、こうして医療や介護などの公的なサービスを利用せず、孤立している高齢者を「発見」することも目的のひとつだ。

そのアンケートや事後訪問によって、「病院に行けない」と訴える女性が見つかった。実状を詳しく取材するために、長年ひとり暮らしをしている山本サチさん（仮名）を紹介してもらった。80代の山本さんは、毎月6万円余りの国民年金から、5万円のアパート代を払って、残り1万円で暮らしているということだった。毎月、1万円で暮らしてきたということだけで、まず驚かされた。なぜ、生活保護などの福祉制度を利用しないのか、直接会って、話を聞くことにした。

山本さんのもとを訪れたのは、8月半ば、気温35度の猛暑日が続く頃だった。山本さんは首に巻いたタオルをはずして、「この中に氷を入れて、首を冷やすと涼しいのよ」と教えてくれた。エアコン代を節約するための知恵だ。買い物は売れ残り品を値引きする夕方以降を見計らって出かける。

「10円、1円安いというだけでも、私にとっては重要なことなんですよ」

生活費を極限まで削っても、1万円で生活していくことは並大抵ではない。そんな山本さんには、病院に行く余裕などあるはずもないという。

「心臓に持病があるんですけどね。大きな病院で検査を受けたほうがいいと言われたんですけど、まだ行っていないんですよ。検査したら悪い結果が出るのは分かりきっている。そしたら治療や入院や手術にお金がかかるでしょ。そんなお金はないんですよ」

山本さんは、病院に行くことさえ「節約」して生活していた。本当に病気にかかっているのであれば、放置しておくことで重症化してしまう危険性もある。「老後破産」の現実が拡がる中、命を守る医療さえ遠ざけてしまう高齢者が現れ始めているのだ。

山本さんが紹介された病院にも行っていないということも気になり、その後も何度か訪れるうちに、初めは、玄関先で会話をするだけだったが、4回目に訪れた時、家に招き入れてくれた。和室の居間には母親の仏壇が置かれていた。お線香をあげさせて下さい、と言うと、「ありがとうございます」と仏壇の前を空けてくれた。

黙禱《もくとう》をしてから振り向くと、ペットボトルのお茶とお菓子を用意してくれていた。1円を節約する生活をしている山本さんに気を遣わせたことに、申し訳ない気持ちでいっぱいになった。そして、節約のために止めてあった扇風機のスイッチを入れ、こちらに向けてくれた。心の中に、優しい風が吹き込んでくるような心地よさだった。

部屋には、斬新《ざんしん》なデザインのカラフルな洋服や、つばの大きな帽子など、目を引くデザインの洋服がハンガーにかけて飾ってあるのが目に入った。

「きれいな洋服とかオシャレな帽子とかたくさんありますけど、お好きなんですか」

たずねると、胸を張るように答えた。

「昔、働いていた時に買ったものを、大切にしているの。今はそんなの買う余裕はないですよ」

山本さんは、昭和40年代、デパートの紳士服売り場で働いていた。まだ女性が働くことが珍しかった時代、デパートは女性のあこがれの職場だった。少し派手なデザインのワンピースを着こなし、つばの大きな帽子をかぶって、颯爽《さっそう》と歩く若い日の山本さんは、垢抜《あかぬ》けた時代の先端をいく女性だったのだろう。

「私は、物事をはっきりと言う性格だったからね。なんだ女のくせに！　なんて嫌味は毎日のように言われましたよ。でも働いていた頃は楽しかったな……」

負けん気の強い山本さんは、男性顔負けの仕事をこなし、夜遅くまで働く毎日だった。休みになると、目いっぱいのお洒落をして、買い物をしたり、ジャズを聴きにいったりするのが楽しみだったという。

「街を見ながら歩くのが大好きだったの。1時間くらい平気でハイヒールをはきながら歩いていたわよ」

仕事をする自分が誇りだった山本さんは、母親と2人暮らしの家計を支えてきた。仕事にも、プライベートにも不満はなかったが、結婚せずに気がついたらひとりの生活になっていたという。

「あの頃は今の生活なんてまったく想像できなかったですよ。一生懸命働いてきたのに、何で今、こんな苦労しているんですかね……」

力なくつぶやく山本さんの寂しそうな表情が、今でも忘れられない。

厚生年金のトリック

57歳の定年までデパートの紳士服売り場で働いた山本さんは、厚生年金は、なぜかもらっていない。

当時、企業では、厚生年金を退職時に「一括前払い」で受け取ることができたためだ。この「厚生年金脱退手当金制度」をよく知らずに利用してしまったために、厚生年金を受け取ることができなくなってしまった人は少なくない。

「昔は、積み立てた厚生年金を退職時に一括でもらうこともできたんですよ。でも、退職した当時は、年金がこんなに大切な物だったって分からないじゃない。それで、その時一括してもらってしまったんです。だから今、厚生年金はないんです」

当時、一括してもらったとしても、物価相場のことを考えると、それほど多い金額ではないだろう。一括受け取りは、今思えば、大きな損をしてしまったことになる。それも困ってから、初めて気がついたのだという。

山本さんは、その結果、国民年金だけしか収入がない。その収入だけでは足りないため、働いていた頃にコツコツ貯《た》めてきた預金を取り崩しながら暮らしている。そして、その預金が減るのを少しでも抑えたいと、病院へ行くことさえ我慢せざるを得ない現実があるのだ。

「長い間、本当に一生懸命働いてきて、今こんな生活が続いているでしょ。これまでの自分の人生は何だったのかなって虚《むな》しくなりますよ」

ひとり暮らしをしている山本さんを気に掛けてくれるのは離れて暮らす兄弟だ。心配して電話をかけてくれたり、時々は遊びにきてくれる。それでも山本さんは、お金の面で兄弟を頼ろうとはしない。

「大切な家族だからこそ、迷惑をかけたくない。迷惑をかけるくらいなら、たとえ生活が苦しくても、病院に行けなくても我慢するしかない」

そう覚悟を決めているようにも思える。読者の中には「家族に甘えたり、周囲を頼ればもっと楽になれるのに」と考える人もいるかもしれない。しかし、自分が高齢者になった時、本当にそうできるだろうか。

実際、「迷惑をかけるくらいなら死んだ方がマシ」だと考える高齢者は少なくない。それは現役時代をしっかり生き抜いてきたという誇りかもしれないし、若い世代に面倒を見てもらうということへの遠慮なのかもしれない。

いずれにしても、周囲に助けを求めない高齢者に対して「助けを求めないから、困っても自業自得《じごうじとく》」と切り捨てる前に考えておかなくてはならない。

今、元気な高齢者も、いずれ誰かの助けを必要とするかもしれない。今、現役世代の人もいずれ歳を重ね誰しも高齢者となる。老後を迎えて初めて——恐らく誰しもが——「周囲に頼らずに生きたい」「迷惑をかけたくない」と思うのだろう。

山本さんは、取材を終え、帰ろうとした時、新品のハンカチを袋から出し、氷をつめて渡してくれた。

「こんなに暑いのに、あなたも大変ね。暑いから、これ首に巻いて帰りな」

その優しさが嬉しく、そして申し訳なくもあった。

帰り道、もったいなくて首に巻けずに手で持っていたハンカチから氷の冷たさがじんわりと伝わってきた。その氷を握りながら、山本さんをどうすれば助けられるのだろうと考え続けた。氷が溶けても、その結論は出ないままだった。

「生きていてもしょうがない」

港区の電気が止まったアパートでひとり暮らしをしている田代孝さんが、いよいよ「老後破産」を避けられなくなったのは、年金を受け取ってから2か月、次の年金支給日の数日前のことだった。ついに現金が底をついた。表情も憔悴《しょうすい》しきっていて、顔色も悪い。

「体調はどうですか？　しっかり食べられていますか」

田代さんは、小さな巾着袋《きんちゃくぶくろ》を手にとり、中を開けて見せてくれた。袋をさかさまに振ると、じゃらじゃらと出てきたのは、１円玉だけだった。

「現金がもうこれしかないんですよ。全部で１００円くらいしかない。恥ずかしいけどね」

１円玉を再び巾着袋に戻すと、深いため息をついた。

「食事はどうしているんですか？」

田代さんは立ち上がり、台所へと向かった。ガスコンロに乗せられたフライパンを持ち上げると、中身を見せてくれた。フライパンの中には、レトルトのカレーライスがまだ半分ほど残っていた。

港区の相談員が訪問してくれた際、食費が底をついたと訴えたところ、福祉事務所で食料支援が受けられると教えてもらったのだという。カレー、シチューなど、数日分のレトルト食品をもらって、しのいでいたのだ。

「これね、２回分あるから、分けて食べているんだ」

フライパンの中には、残り1食分のカレーライスがある。しかし、年金の支給日までは、まだ数日残されていた。この先、どうなるのかと心配していると、その心の内を見透かしたように、田代さんは説明してくれた。

「こんなこともあろうかと思って、買い置きしているんですよ。これ、冷麦」

取り出したのは、2束入って100円という乾麺の冷麦だった。食べかけの袋の中には、1束だけ残っていた。

午後7時。夏でも、日が落ちると暗くなる。夜もドアを開けたままの田代さんの部屋には、隣近所から夕食の支度をする包丁の音と、醤油《しょうゆ》の匂《にお》いが漂ってくる。田代さんもアパートで夕食作りにとりかかっていた。昼食をほとんど食べない田代さんにとって貴重な「食」だ。電気がつかないため部屋は真っ暗だが、調理のためのガスの明かりが頼りだ。「ボー」とガスの炎をつけると、ぼんやり部屋が明るくなった。フライパンでお湯を沸かし、そこに冷麦を1束、入れた。最後の冷麦だ。沸騰《ふっとう》するのが見えないために、何度もフライパンに顔を近づけては、湯の沸き具合を確かめていた。年金支給日が近づく頃は、だいたい現金が底をつくため、いつも冷麦を食べ続けることになるという。

できあがった冷麦をどんぶりに移し、お椀《わん》に素麺《そうめん》のつゆを注ぐと、食事だ。誰もいない真っ暗な部屋で、たったひとりで食べる夕食――。

「ズズーっ」

冷麦を勢いよくすする音が響く。人の気配はもちろん、テレビの音さえもない。

「……うまいな」

田代さんは、美味《おい》しい、うまい、と独り言を言いながら、冷麦をすすり続けた。

「ズズズーっ」

午後8時。夕食を終えてしまうと、真っ暗闇ですることもなく、寝るだけだ。いつものように、台所から布団《ふとん》が敷いてある奥の居間に移り、田代さんはラジオの電源を入れた。ラジオから流れてきたのは、外国のロックバンドが歌うアップテンポな洋楽だった。

そろそろ失礼しようかと、帰り支度を済ませて部屋を出ようとした時、田代さんが上体をこちらに向けて言った。

「あ、玄関の扉、開けておいてね」

夜にドアを開けて寝るのは危ないのではないかと思ったが、扉を閉めてしまうと、アパートの外の廊下から漏れてくる外灯の光さえ入らなくなってしまう。しかも、真夏の今、エアコンがつかない部屋を閉め切れば、風通しも悪くなり、熱中症の恐れもあるだろう。

「おやすみなさい」

少し迷った後、玄関の扉を大きく開けたまま、部屋をあとにした。せめて、涼しい風が部屋を通り抜けてくれるように、と。

　数日後、いつものようにアパートを訪ねると田代さんの顔色がよくないのが一目で分かった。顔は青白く、何より辛そうな表情をしていた。

「どこか体調が悪いんですか」

田代さんは、苦悶《くもん》の表情を時折浮かべて、じっと耐えているようだった。

「頭痛が止まらないんだ」

栄養が十分にとれていないからだろうか、熱中症の疑いはないだろうか。田代さんの顔や腕に手を当ててみる。高熱はないようだったが、「病院に行った方がいいですよ」と勧めてみた。

　しかし、田代さんは首を振るだけだった。

「いや、これを飲んでおけば大丈夫だから。いつもそうだから」

買い置きしてある市販の薬を取り出した。それはどこの薬局にも置いてある頭痛薬だった。その薬を飲めば鎮痛効果で多少は楽になるかもしれないが、大事をとって「病院に行ったほうがいい」と再び通院を勧めた。

しかし、頑《かたく》なに首を振るだけだった。

「病院に行ったらまたお金かかるでしょ。そんな生活の余裕なんてないですよ。ただでさえ、こんな生活をしているのに、我慢できるところはしなくちゃ」

この日だけでなく、田代さんは、もう何年も病院に行っていない。頭痛や腹痛、体調が少しぐらい悪くても、市販薬を飲んでただひたすら我慢しているのだ。田代さんの場合、75歳以上で年金額も基準内のため、医療費の窓口負担は「１割」だ。内科を受診して、様々な検査を受けたとしても１万円を超えるようなことはないだろう。しかし、田代さんにとっては、数千円でも貴重な生活費だ。「冷麦」を思い出すと、もう、それ以上強く言うことができなかった。

「大丈夫、大丈夫。いつもこれを飲んで少し寝るとすっかりよくなっているから」

田代さんはそう言って背を向けると、横になったまま眠ってしまった。

病院に行かなくなってから困っていることがひとつあると、田代さんが教えてくれた。入れ歯をなくしてしまったのだ。数年前、なくなってしまってから、何度も入れ歯を作りたいと思っていたが、お金を払う余裕がないため、歯医者に行っていないのだという。田代さんの家計の現実を考えた時、何でもかんでも「買う」ということはできない。

アパート代を払えなくなるかもしれない、食べ物さえ買えなくなるかもしれない――それが怖くて、病院へ行くことができないのだ。

頭痛薬を飲んで眠り込んでしまった田代さんの丸めた背中を見ながら、ふと考えた。自分だったら、この状況に耐えられるだろうか……。

貧しさを知られたくないために

「お金がない、病院にも行けない。私にとってはそれよりも辛《つら》いことがあるんです。それは友人や知り合いがいなくなってしまったということなんです」

田代さんがつぶやくように言ったのは、近所の街を歩いているときだった。向かっていたのは、港区の高齢者施設だ。高齢者の健康維持を目的に作られた公共施設で、お風呂《ふろ》や囲碁室があるほか、大きなフロアでは体操教室などの催しが定期的に開かれている。60歳以上の住民は、登録さえすれば無料で利用できるという区の施設だった。毎朝、自宅から歩いて5分ほどのところにあるこの施設へと田代さんは通っていた。

「エアコンは電気が止まってて使えないでしょ。だからここで涼むんですよ。ここはテレビや本や新聞もあって、時間をつぶすのにはとてもいい施設なんですよ」

田代さんは施設に入ると、畳敷きの大広間でテレビをつけた。昼間だが、部屋には誰もおらず、田代さんひとりだけ。ニュース番組を見続けていた。しばらくそれを見た後、ご飯を食べるといって取り出したのは、途中のコンビニで買っていた「梅おにぎり」。この日の昼食はおにぎりひとつ。ぼんやりとテレビ画面を見つめながら食べる田代さんの顔は無表情に見えた。昼食も終え、手持ちぶさたになった田代さんが向かったのは隣にある囲碁室だった。しかし、相手が見つからず囲碁はできなかった。何人かの高齢者が囲碁を楽しんでいたが、その輪に加わろうとはせず、田代さんが向かったのは囲碁室の奥にある本棚だ。小説や紀行本などが並ぶその本棚から1冊取り、椅子《いす》に座って読書を始めた。

するど、田代さんがテレビを見ていた大広間では体操教室が始まったのか、多くの高齢者たちの「イチ、ニ、サン、シ」というかけ声とともに、笑い声も混じって聞こえる。田代さんは時折、本から目を上げると、寂しそうにちらっと見て、黙々と読書を続けていた。夜7時を過ぎた頃、立ち上がった。

「さて、帰りますかね」

誰に向けるでもなく、ぼそっとつぶやくと、施設を出て行った。高齢者の交流を図ろうという施設だが、田代さんは誰とも交流をもたず、会話どころか挨拶《あいさつ》することさえなかった。

夜、アパートへ戻った後、外の階段に腰を下ろした。夜になっても暑い日は、外で夕涼みしながら、暑さが通り過ぎていくのを待つのが日課だった。日が暮れても、日中、エアコンを使うことのできない家の中は、蒸し風呂のように暑い。外灯の光の中で、ぽつんと座りながら、昔話を始めた。

「若い頃は、友人が多かったんですよ」

ビール会社で仕事をしていた頃、仕事仲間や友人と旅行に出かけることが何よりの楽しみだったという。

「鉄道を見るのも、鉄道に乗るのも大好きでね。鉄道に揺られながら温泉に行ったり、きれいな自然の景色を見に行ったりするのが好きだったんですよ」

子どもの頃はＳＬのかっこよさにあこがれ、機関士になることが夢だった。大人になっても、鉄道オタクといわれるほど無類の鉄道好きで、その熱が冷めることはなかった。

「よく電車に乗って、あちこち旅に出たんだ……もう一度、旅行ができたらどんなに楽しいだろうかね」

遠い目をしながら、懐《なつ》かしんでいた。しかし、今は、その夢はもうかなわないものになってしまった。

「貧乏の何が辛いってね、それは周りの友だちがみんないなくなっちゃうことなんですよ。どこかに行こう、何かしようといってもお金がかかるでしょ。それがないために、断らなければいけない。そのうちに、誘われないようにしようとする。それが辛いんですよ」

居酒屋が倒産した後、預金も使い果たし、年金だけでは食べていくことで精一杯になった。しかし、お金がないことを周囲に悟られたくなかった。かつて対等に付き合っていた友人に同情されたくなかったからだ。

次第に友人たちとの旅行や食事会を断るようになった。誘われる度に断っていると、次第に断ることさえ辛くなった。すると、誘われないようにしようと、友人たちと顔を合わせる機会を避けるようになった。そのうち、誰からも誘いがこなくなったのだという。

「たとえば結婚式のご祝儀《しゅうぎ》はどうするか。葬儀のお香典はどうするか。お金がなくちゃ、人と付き合うこともできないんですよ」

仲間うちの食事会にさえ、参加できない自分――情けなく、寂しく、惨《みじ》めだった。お金がないことで友人という「つながり」が絶たれてしまったのだ。

田代さんは、輪ゴムで止められた手紙やはがきの束を見せてくれた。数十年前、友人たちと親しくしていた頃にもらった年賀状や季節の便りだった。大切に保管してきたのだろう。茶色く変色した紙が、縁が途絶えた後、友人と会えなくなった時間の長さを物語っていた。

友人の話をした後、無表情になった田代さんは暗い部屋の中で心の奥底にあった思いを独白した。

「本心を言うとね、早く死にたいんですよ。死んでしまえば、お金の心配はしなくていいし、今、こうやって生きているのも誰のために生きているのか、正直分からない。もう本当に疲れたんです。だから後悔はないですし、早く死にたいんです」

淡々と口にした「死にたい」という言葉が耳に刺さった。田代さんの言葉を聞いて、「老後破産」の怖さを思い知らされた。

年金収入が足りないために、生活が苦しかったり、医療にかかれなかったりすることも、それだけで深刻な事態だが、それで「死にたい」のではない。本当に辛いのは、人や社会との「つながり」を失い、誰のために、何のために、生きているのか分からなくなってしまうことにあるのではないだろうか。

たとえ生活が厳しくても「子どもや孫が生きがいだ」というお年寄りや、親族は誰もいなくても「地域活動にやりがいを感じている」など、生きがいを持って生きている高齢者にも数多く会った。そうした人たちには、心の居場所が確かにあった。

しかし、「老後破産」の現実が引き金となって、「つながり」が絶たれ、生きがいを失い、心の居場所が持てなくなった時、高齢者たちは生きる気力さえ失っていく。

田代さんにとって必要なのは、まずは経済的な支援（＝生活保護）によって生活を立て直していくことだろう。しかし、それだけではなく、「老後破産」に追いつめられたことで失ってしまった「つながり」を再構築していくことこそ、本当に必要な支援なのだろう。

8月末、買い置きしていた冷麦がなくなると同時に、田代さんのもとに自治体から連絡が入った。待ちに待った連絡だった。

「今度、生活保護費を受け取りに福祉事務所にきてくれって連絡が入ったよ」

区の相談員が申請手続きを手伝ってくれたことでスムーズに受付が進み、生活保護を受けられることになったのだ。田代さんの場合は、毎月10万円程度の年金収入があるため、それを差し引いて、生活費の不足分として月々5万円程度が支給されることになった。

福祉事務所を訪れる朝、8時前。いつものように「おはようございます」と声をかけて、田代さんのアパートを訪れると、もう着替えや身支度を済ませ、いつでも外出できる準備を整えていた。腰を浮かせ、待ちきれない様子で「早すぎてまだ福祉事務所は開いていませんよ」と言っても、ソワソワと落ち着かない。「早く行かないと、生活保護が逃げていってしまう」とでも思っているような様子だった。

少し早めに到着した福祉事務所の自動ドアの前で待ち構えていた田代さんは、ドアが開くと同時に入っていった。窓口で名前を伝えると、待合ロビーで名前が呼ばれるまで待つように言われた。

「田代さん、こちらへどうぞ」

名前が呼ばれると、相談ブースへ案内され、担当のケースワーカーの女性が迎えてくれた。生活保護のケースワーカーは、生活保護を受ける人に対して、生活相談に応じたり、就労支援をするなどしてサポートしてくれる福祉事務所の担当職員だ。都市部では、生活保護の受給者が急増しているため、ひとりのケースワーカーが100人以上を担当していることも少なくない。田代さんが席につくと、ケースワーカーの女性は「こちらが1か月分の生活保護費です」といって白い封筒を手渡した。

「本当にありがとうございます」

田代さんはケースワーカーの女性に深々と頭を下げた。

福祉事務所を後にする時、「本当にありがたい」と念仏のように繰り返し、さらに「申し訳ない」「すいません」と詫《わ》びる言葉を何度も口にしていた。生活保護費の支給は「ありがたい」ことでもあり、税金をもらっていることに対して「後ろめたく、申し訳ない」という気持ちも同時にこみあげてきたようだった。

「生活保護をもらわずに耐えられるのであれば、限界まで耐えたかった」

それが田代さんの本音だった。しかし、食べていくことさえできなくなった田代さんには、保護を受ける以外に選ぶ道はなかった。もう「耐えられる限界」を超えていたのだ。それこそが追いつめられた末の「老後破産」だった。

田代さんの複雑な心中を思うと、生活保護という救済策が良かったのかどうか、分からない。しかし、これで田代さんの部屋に電気が灯《とも》るはずだ——真っ暗闇《くらやみ》で冷麦をすする姿を思い出しながら、これで良かったんだと思うようにした。

前述したように、日本国憲法の第25条では、「健康で文化的な最低限度の生活」が保障されている。それ以下の収入しかない場合、生活保護を受けることは国民に保障されている権利だ。さらに、生活保護を受ければ、生活費の心配がなくなるだけでなく、医療や介護などの公的サービスも無償で保障される。実際、高齢者の場合、生活費については節約することで賄《まかな》えても、医療費や介護費用が負担できずに、生活保護を受けることになる人も少なくない。

しかし、ここにひとつ矛盾がある。

自分の年金で頑張って暮らしている人は、お金がなくて病院にも行けずに我慢している。しかし、生活保護を受ければ、医療費が無償になり、病院にも十分にかかれるようになる。当然の権利を行使しているだけのことなのだが、なぜか「かゆいところに手が届かない」ようなモヤモヤ感が残る。年金で頑張って暮らしている人たちに、「安心して医療を受ける権利」が保障されるような制度があれば、早い段階で救われる人が増えるし、生活保護に頼らずに生きていける人も増えるかもしれないと思えるからだ。田代さんも、生活保護でずっと我慢してきた入れ歯の治療を受けられることになった。

「ありがたい」

田代さんは感謝の言葉を繰り返すが、これまで耐えてきた時間を思うと、もう少し早く救いの手を差し伸べる方法はなかったのか、と思わずにいられなかった。

生活保護支援の「壁」

生活保護を受けることになった田代さんに浮上した問題が「住まい」だ。住んでいる木造アパートは家賃が６万円。単身者に生活保護で住居費として認められる上限額が５万４千円程度（都内）であるため、オーバーしているのだ。そもそも、家賃の安い公営住宅に移れば、生活保護を受けなくても、10万円の年金で十分に暮らしていくことができる。しかし、引っ越し代や敷金が必要になるため、あきらめていた。生活保護を受ければ、家賃の安い住宅へ移るための引っ越し費用は出るため、ようやく引っ越しのチャンスを得ることができたのだ。

区のケースワーカーから翌月、都営団地の募集があることを聞いた田代さんは、まずは申し込むことにした。

倍率は高く、抽選にはずれるかもしれないが、それでも「もう一度、自分の年金だけで暮らしたい」という願いを持ち続けているのだ。都営団地の家賃は、低所得高齢者には1万円程度に抑えられている。こうした家賃の安価な単身高齢者向けの公営住宅の制度は、「年金だけでギリギリの暮らしをする」高齢者が増えている今、老後の生活を支える土台となり得る。ただ、引っ越し費用がない場合には、そのチャンスをつかめないことになる。この「隙間《すきま》」を埋める制度間の調整がなされれば、安価な家賃の公営住宅へ移ることで生活保護を受けずに済む高齢者は少なくない。

しかし、現状では、制度間を橋渡しする調整弁はなく、生活保護を受けて初めて「安い家賃の住宅へ移る」チャンスが得られ、安い家賃の住宅へ移ると、再び生活保護から脱することになるという、実に遠回りをしなければならないことになっているのだ。

生活保護制度を利用して「住まい」や「生活」の心配が拭われたら、その先の課題は「つながり」の再構築だ。経済的にゆとりがなく、人付き合いを避けてきた田代さんには頼れる友人はいない。どこへ「つながり」を求めていけばいいのか、本人だけに任せていても難しいだろう。

生活保護のケースワーカーは、受給者の多い都市部では年に数回、顔を合わせる程度で「つながり」の支援までは行き届かない。しかし、孤立しがちな高齢者に「地域とつながりを持ってもらおう」という取り組みは、各地で進んでいる。高齢者の生活相談や介護サービスの拠点でもある「地域包括支援センター」などを起点に、福祉団体、NPO、介護事業所、社会福祉協議会などが連携し、地域の特性に合わせて、高齢者に社会との「つながり」を再構築しようと動き始めている。

港区でも、ひとり暮らしの高齢者を訪問する活動だけにとどまらず、生涯学習やボランティアなど、高齢者が社会参加しながら、「つながり」を再構築する様々な模索が続いている。田代さんも、そうしたチャンスを得て、再び社会とつながり、「生きる力」を取り戻して欲しい。

「生きていて良かった」と思える明日へ

生活保護費を手にした田代さんが真っ先に向かったのは、床屋だった。「もう何か月も行っていない」と言いながら、行きつけの床屋へ向かった。雑居ビルの2階にある床屋の入り口には「カット1300円」という広告が貼《は》られていた。

田代さんは髪を切る椅子に座ると「さっぱり整えてください」とだけ伝えた。理容師が手際《てぎわ》よく散髪を始めていった。田代さんは、じっと目をつぶっている。髪は短く整えられ、ひげもきれいに剃《そ》られていく。

「終わりました」と理容師が告げると、田代さんはゆっくりと目を開けた。鏡に映った自分を見てうなずき、満足しているようだった。鏡の中の田代さんを見ていると、ふと、老後を思い描いた自画像——背広を着て、口ひげを生やした紳士風の男性の姿——が思い出された。

「思い描いていた老後」とは、かけはなれた現実を背負って田代さんは生きている。散髪を終え、ひげ剃りなども加えた料金は、2500円ほどだった。生活保護費を手にした時、食べることでもなく、買い物でもなく、まず散髪へと向かったのは、自分に誇りを取り戻したかったからかもしれない、と感じた。

あの自画像を描いた頃、豊かな老後を思い描いていたに違いない。日本が高度経済成長を続けていた時代、真面目《まじめ》に働けば誰もが報われる社会だった。だからこそ、田代さんも真面目に働いていれば、安心した老後の暮らしを手に入れられると信じていたであろう。今の高齢者たちは、当時、皆がそう信じてきたのだと思う。

しかし超高齢社会が到来し、核家族化が進み、日本社会は激変期に突入した。独居高齢者が数百万人単位で急増し続け、家族が支えとなることを前提とした社会保障制度は機能不全を引き起こしている。そうした中で、「老後破産」ともいえる現実が広がっているのだ。

「こんな生活になるなんて思いもよらなかった」

田代さんと同世代の人たちの多くがそう語る。何も困らないと思ってきた老後を迎えてみると、食べていくことさえできないという現実――思い描いてきた老後とは、あまりにもかけ離れている。

それでも、かつて思い描いていた「安心できる老後」を取り戻したい、誇りある自分でいたいと願わずにいられないのだろう。床屋で目をつぶっている田代さんは「見違えるようになった自分と出会いたい」と願っているようだった。

床屋を出る田代さんの背筋は、少ししゃんとして、風を切って歩く後ろ姿も颯爽としていた。これを機に、「再起へ」と向かって欲しいと心から思った。

「生きていて良かった」

田代さんから、そんな言葉が聞ける日が来るならば――取材者というより、田代さんと関わったひとりの人間として、これ以上に嬉《うれ》しいことはない。

「老後破産」に追いつめられ、生きる気力を失ってしまった高齢者を社会がどう支えていくのか。ＳＯＳも発することなく、じっと耐えている人たちをどう発見し、どう支援につなげていくのか。

超高齢社会を迎え、深刻化する事態を前に、私たちひとりひとりの覚悟が問われているのではなかろうか。

カラスが友だちという男性

「老後破産」に追いつめられていく高齢者が孤立を深めているという現実——経済的に苦しい立場に立たされた高齢者が「つながりの貧困」にも陥ってしまうことを取材現場で目の当《まあ》たりにすることも多い。「つながりの貧困」を考える時、いつも思い出す男性がいる。

大田区にある都営団地でひとり暮らしをしている80代の男性。

妻に先立たれ、子どももいないため、介護スタッフの支援を受けながら生活を続けていた。年金は月額10万円ほどあったが、それでも家賃や生活費、医療費などを支払うと余裕のない暮らしだった。

「私はね、こうやって話す相手さえいないんですよ。だから何だか嬉《うれ》しいです」

取材に訪れると、来客があったことだけで嬉しくてたまらないといった風情で迎えてくれた。話に夢中になり、あっという間に30分が経《た》った頃のことだ。部屋の外に異様な気配を感じた。窓の向こう、ベランダに何か気配を感じた瞬間、耳をつんざく音がした。

「クルックー、クルックー」

「カー、カー」

驚いてベランダの方へ向かっていくと、そこにいた鳥たちが一斉に「バサバサー」と羽ばたいて、空へと飛んでいくのが見えた。逃げずに残っていた数羽のカラスがベランダを占拠していた。

「私の友だちですよ。鳩《はと》やスズメ、カラスとかね。いつも話をしているんですよ」

ベランダを見ると、一面にたっぷりと米粒がまいてある。ベランダの窓は常に半分開けてあって、鳥が見えるようにしている。

「きょうは調子はどうだい」

カラスに笑顔で話しかけていた男性は、つがいを見つけると、

「お前たち結婚したのかい」

と楽しそうだ。

しかし、隣人たちはその鳥たちに迷惑を受けているのか、ベランダの周りにネット

を張り巡らし、鳥が入ってこないようにしていた。ベランダを離れると、10分もたたないうちに、再び鳩が戻ってきて、鳴き声が大きくなった。

「クルックー、クルックー」

「カー、カー」

普段、街中を歩いていて鳥の声を聞いてもそれほど気にしたことはなかった。しかし、すぐそばで、たくさんの鳥が一斉に鳴くと、かなりの音量だ。

「うるさくないですか？」

と聞いてみると、

「そのうるささがいいんですよ」

ひとり暮らしで話し相手もない男性にとって、唯一の友だちだというカラスたち。普通に暮らす人たちから見れば、迷惑な存在になりかねないカラスに話しかけることで寂しさをまぎらわせているという。男性は、カラスを集めていることで、地域の住民たちから煙たがられているようにさえ感じる。

しかし、本人はお構いなしだ。カラスの代わりに男性の自宅を訪ねてくる友人が現れてくれれば――あり得ないことかもしれないが、そうなればカラスに話しかけることもなくなるかもしれない。男性は、取材の質問ひとつひとつに丁寧に答え、時には脱線しながら楽しそうに話し続けた。

嬉しそうに、楽しそうに話し続ける男性と向き合いながら、「孤立」してしまうことの怖さを垣間見《かいまみ》たような思いになった。

～東京・港区の単身高齢者アンケートより～

広がる「老後破産」の実態

ひとり暮らしの高齢者が急増し、無縁社会の広がりや孤独死の問題が深刻化する中で、東京・港区では2004年と2011年に単身高齢者を対象としたアンケート調査を実施した。単身高齢者の生活実態をつかむためのものだ。

調査や分析にあたった明治学院大学の河合克義教授は、千葉、沖縄、山形など全国各地で同様の調査を行ってきた経験から「ひとり暮らしの高齢者は、年金収入だけが頼りになるため、経済的に困窮している割合が高い」と分析している（港区2011

年調査の質問票より一部抜粋)。

まず、注目したいのが、生活保護水準以下の収入しかない、いわば「老後破産」の状態にある高齢者の割合だ。生活保護費の水準については、地域によって物価などが異なるため全国一律ではないが、河合教授らは港区の場合、年収150万円(区内の単身者の生活保護費概算額)で区切ることにした。すると、31・9%が150万円以下だった。3割を超える人が収入面で見れば「老後破産」に近い状態にあることが分かったのだ。

一方、収入が400万円以上の人は12・3%に上っている。都市部の高齢者は「貧困層と富裕層」の「二極化」が顕著に進んでいると河合教授らは分析している。

河合教授によれば、同様の調査を山形県の農村で行ったところ、生活保護水準(山形県の基準に合わせ年収120万円以下で区切った)以下の収入しかない人は54%にも上っていた。

港区の調査と比べると、地方の農村では、生活保護水準以下の層が占める割合が都市部よりもさらに高く、「老後破産」の現実は、地方でも深刻化していることが分かる。

「年金が少なくても、他の収入や預貯金があれば、困らないのではないか」

という質問をよく受ける。

もちろん、65歳以上のひとり暮らしで、まだ現役で仕事をしている人もいる。しかし、アンケート調査で主な収入源が「年金」と答えた人は55％を超えている。

また、生活保護水準以下の収入しかない人で、土地や生命保険など資産を保有している人については、生活費の赤字部分を預貯金で埋めているため、蓄えが底をつけば、いずれ「老後破産」の状態に陥る。

そういった意味では、年金収入だけで暮らしていけない高齢者は、病気やケガなどで出費が重なるなどすれば、いずれ「老後破産」に陥るリスクを抱えているといえる。ひとり暮らしをする高齢者は、多くが自分の年金だけを頼りに暮らしている。そうした現実が広がっている今、年金収入が生活保護水準を下回る「老後破産」寸前の人たちが急増していることは見過ごすことのできない現実だ。

介護サービスを利用していない人が80％

アンケートの結果で、もうひとつ目を引く数字が、介護サービスを利用している人の割合だった。介護サービスは、掃除や洗濯、入浴などの家事を支援してもらえるサービスだ。経済的に余裕がない場合、介護費用を負担できないという人が少なくない。

調査では**「介護保険のサービスを利用しているか」**との質問に対して、**81・6%の人が「利用していない」**と回答した。

介護サービスを利用していない人の中には、「元気で、まだ必要ない」という人も含まれている。そのため、利用していない人がすべて「お金が原因でサービスを受けられない」とは言えない。それでも前述の経済状況を加味すると、収入が足りないために介護サービスが受けられないという人も少なくないだろう。

介護保険制度では、保険料を払っていてもサービスを利用すれば費用がかかる。65歳以上の高齢者の場合、原則として「1割負担」だ。負担額は、要介護度に応じて差が生じてくる。比較的介護サービスが少なくて済む「要介護1」という段階から、寝たきりの人が多い「要介護5」まで5段階あり、サービス日数、時間が増えれば、費用負担がどんどん重くなる。「要介護5」になると、毎日のようにヘルパーの訪問が必要となり、そのほか、紙おむつ代、介護用ベッドのレンタル代など、実費も合わせると毎月10万円を超えるという人もいる。

さらに、介護サービスを受けていなくても、毎月の介護保険料は支払う必要があるが、それさえ払うことが難しいという高齢者も少なくない。年収や自治体によって保険料に若干の差はあるが、介護保険料は月額４千～５千円ほどだ。その保険料を払えずに滞納している高齢者もいる。２年以上滞納すれば、ペナルティとして、介護サービスの利用料が「１割負担」ではなく「３割負担」となってしまう。保険料さえ払う余裕のない高齢者にとって３倍の利用料を払うことは容易ではない。経済的に余裕がないために、介護保険料を滞納してしまうと、サービス料が引き上げられるため、結局、介護保険を利用することができなくなるのだ。

こうした人をどう救うのか、自治体は対応に頭を悩ませている。

介護保険料を２年以上も延滞し、「３割負担」となった介護サービス料も払えないため、介護保険が利用できなくなった高齢者はどうなるのか――そうしたケースを取材しようと案内されたのは都内の閑静な住宅街の一角にあるゴミ屋敷だった。住人の80代の男性は、認知症を患《わずら》っていて、身の回りのこともできなくなっていた。

家中、足の踏み場もないほどゴミが散乱し、洗濯もせずに何日も同じ服を着ているという状態だ。住んでいる自宅を所有しているため、すぐに生活保護を受けてもらうことも難しく、自治体は困り果てていた。こうした場合、親族も見つからないと、支援をどう進めるのか、本人の意思決定も難しいため、非常に時間がかかる。

「まだ大丈夫。お金がもったいない」と、介護サービスを受けずに、自分で何とかしようと無理をしているうちに、気がつけば「介護サービスを受けたくても、受けられない」状況に陥ってしまうケースが相次いでいる。

老後にひとり暮らしをすることが誰にとっても避けられない現実となっている今、必要な介護を受けられずに孤立する姿は将来の自分かもしれない――年金の支給額が目減りしていく中、「老後破産」の問題は避けて通ることのできない明日は我が身の問題なのだ。

正月をひとりで過ごす高齢者たち

アンケート調査でもうひとつ際立っていたのが、独居高齢者の「つながり」が非常に希薄化しているという結果だ。

例えば「日常生活で困りごとがあったときに誰に手伝ってもらうか」という質問に対して、最も多かった回答が「子ども」で39・8%。

次いで「友人・知人」が24・7%、「兄弟・姉妹」が19・9%と続く。ここで注目したいのは、「手伝ってもらう人がいない」という回答が11・7%にも上っていることだ。1割以上の人が、何か困りごとがあっても頼む人さえいない現実があるのだ。

さらに「**正月三が日を過ごした相手（複数回答可）は誰か**」という問いでは、「**3日間、誰とも会わずにひとりで過ごした**」**という人が33・4％**と、3人にひとりが正月を一緒に祝う人さえいないことも分かった。今年、コンビニエンスストアで「おひとりさま」向けのおせちの売れ行きが良かったとニュースで報じられていたが、この傾向はますます強まるのかもしれないと実感した。

さらに深刻なのは、収入が少ない人ほど「つながり」の喪失が顕著であるということだ。経済的に余裕がない人ほど冠婚葬祭などの親族行事や地域の集いなどに顔を出しにくくなる。「つながり」を維持するためにも、ある程度のお金が必要となるためだ。

お正月を「ひとりぼっち」で過ごした独居高齢者は、港区だけで2千人を上回る計算になる。コンビニエンスストアに設置された「おひとりさま」専用のおせち料理のコーナーを眺めながら、これを手にするかもしれない老後をふと、想像した。誰しも、考えたくないことからは目を背けがちだ。

「ひとりぼっちでお正月を過ごして、何が悪い」

自分の老後を思い描きながら、そう強がってみる。

しかし、病気を患ったり、身体《からだ》が思うように動かなくなっていった時、同じように言えるであろうか。

ひとりぼっちのお正月こそ、明日は我が身の現実なのだろう。

第2章　夢を持てなくなった高齢者たち

どうせ殺すなら、一気に殺して欲しい。
もう長生きしたいなんて思わない。

介護サービスを切り詰めたい

年金だけで暮らしている高齢者の中には、病院に行くことさえ我慢している人が少なくない。しかし、命に関わる病気を患《わずら》えば、医療費は削ることのできない出費となる。できる限り我慢していたとしても、病気が悪化すれば、借金をしてでも病院に行かざるを得ないケースが大半だ。

一方で、どれほど不自由があろうが、限界まで我慢して切り詰めるのが「介護サービス」だ。

介護保険は、高齢者の身体《からだ》の状態や認知症などの病気の程度によって、介護サービスを必要とする段階を5段階に区分していて、要介護「1」から「5」まである。段階ごとにサービスを利用できる時間数や内容などに幅があり、その範囲内でサービスを組み合わせて利用することになる。

ひとり暮らし高齢者が増えていて、介護サービスの必要度は増している。仮に、介護保険の上限いっぱいまで受ければ、原則、介護サービスの費用は1割負担となる。

だが、その１割負担が支払えず、上限いっぱいまで利用することができない人が少ない。さらに、ひとり暮らしで寝たきりの高齢者など、介護保険で認められている上限を超えて、訪問サービスを利用したい場合は、超えた分は全額自己負担となる。

都内の訪問介護ステーションなどを取材した時、

「もっとヘルパーや看護師の訪問回数、時間を増やしたい」

という声を数多く聞いた。

たとえば、足腰が不自由な高齢者の自宅に週に１回、１時間、ヘルパーが訪問しているとする。わずか１時間では、掃除をして、食料品などの買い物をすれば終わってしまう。入浴の介助、食事作り、洗濯など、支援したいことは山ほどあるのに、それをしてあげられないのが心苦しいと訴える介護ヘルパーは多い。それでも「利用者がお金がないから」という理由で、介護サービスは増やせないのだ。

１割負担でも、１回１時間ほどであれば、サービスによって差はあるものの概《おおむ》ね５００～１千円程度かかる。これが、全額自己負担であれば、１万円以上かかることになる。独居高齢者が安心して、不自由なくひとり暮らしを維持するための介護費用は、年金暮らしの人にとっては重い負担なのだ。そして、「金の切れ目が、サービスの切れ目」とでも言おうか――経済的にギリギリの暮らしをしている年金生活者の多くは、十分なサービスを受けられずにいるのだ。

２０１４年7月、取材で訪れたのは東京・北区の訪問看護ステーション。看護師でもあり所長でもある横山美奈子さんは、費用が払えないため、十分な訪問サービスを受けられない人が増えていて、自宅で暮らす高齢者を支えていくのは大変なことだと話してくれた。

「私たちのステーションで訪問サービスを利用しているお年寄りでも、もっと看護や介護サービスを利用したいという人は多いですよ。看護師としても体調のことを考えるともっと訪問したい高齢者はいらっしゃるのですが、その分お金もかかりますしね」

横山さんは、介護サービスを切り詰めている深刻なケースを是非知って欲しいと同行取材させてくれることになった。

使いたくても使えない介護保険

都内には、古くからある都営団地が少なくない。中でも北区の都営団地は、高齢化率50%、単身世帯も目立って増えてきている。この団地を担当している横山さんは、もっと介護サービスを受けてもらいたくても、年金で払える限度内で我慢しているケースが増えていて心配で仕方無いと言う。

そうした中でも、特に気になっているという80代の女性を紹介してくれることになった。この団地でひとり暮らしをしている菊池幸子さん（仮名）だ。

横山さんが訪問看護で菊池さんのもとを訪れる時、同行させてもらうことになった。

都営団地に入ると、横山さんはまず郵便受けが並んでいるコーナーに向かった。菊池さんの郵便受けには、頑丈な南京錠《ナンキンじょう》がついていたが、慣れた様子でダイヤルを回すと、中から部屋の鍵《かぎ》を取り出した。

「菊池さんは、足腰がかなり弱っていて、立っているのもやっとの状態です。お邪魔するたびに、玄関先まで出てきてもらうのはかえって危ないので、訪問看護師やヘルパーは暗証番号を事前に知らされていて、部屋の鍵は自分で開けて入ることにしているんです」

横山さんは、菊池さんの部屋まで行くと、取り出した鍵でドアを開けて「こんにちは、入りますね」と大きな声で呼びかけながら、ひとりで部屋へ入り、取材スタッフには「ちょっとここで待っていて下さい」と声をかけた。

玄関先でしばらく待っていると、「どうぞ」と声をかけられ、おそるおそる部屋の奥へ入っていった。菊池さんは、初対面の取材スタッフにも人なつこい笑顔で迎えてくれた。

「待たせてごめんなさいね、トイレに行っていたものだから」

菊池さんが恥ずかしそうに説明してくれた。部屋のベッドの脇《わき》には、足腰の悪い菊池さんのためのポータブルトイレがあった。「ああ、そうか」待たされた意味は瞬時に分かったが、どう反応していいのか分からずにとまどっていると、菊池さんはニコニコしながら丁寧に説明をしてくれた。

「私、リウマチの影響で足がとても痛いんですよ。トイレまで歩いていくのは大変だから、それでトイレはここでするようにしていてね」

足をさすりながら、ポータブルトイレを指さした。両足は、膝《ひざ》から下がぱんぱんにむくんでいた。じっとしているだけでも痛みがあるという。特に足首から先は、ひどく腫《は》れていて、くるぶしが見えないほど膨れあがっていた。

「でくの坊みたいでしょ」

菊池さんは笑っていたが、どこかその表情は寂しそうだった。訪問看護に訪れていた横山さんは、足に軟膏《なんこう》を塗り、丁寧にマッサージし始める。少しでも血流をよくして、むくみをとるためだ。横山さんの訪問は、週に1度。本当はもう少し日数を増や

〈菊池さんの収支〉

●収入（月額）

国民年金＋遺族年金＝8万円

●支出（月額）

家賃（都営団地）＝1万円

生活費など＝7万円

介護費用＝3万円

残高　－3万円

して、看護をしたいと横山さんは考えているのだが、菊池さんは、経済的な理由でそれができない。サービスを増やせば、費用がかかるためだ。

取材当時、菊池さんは要介護2と認定されていた。介護保険では、要介護度に応じて利用できるサービスの分量は決まっている。その範囲内であれば、介護保険を利用して「本人が1割を負担」することで、サービスを受けられる。たとえば、入浴サービスが1万円だとすれば、1千円で受けられることになる。

菊池さんは、要介護2で認められている上限一杯まで、すでにサービスを利用している。そのため訪問介護や訪問看護のサービスは増やせないのだ。

もちろん、介護認定を受け直し、要介護3が認められれば、利用できるサービスの量は増やせる。しかし、現在の支払額で精一杯の菊池さんは、たとえ上限が広がってもサービスを増やすことは難しい。

むろん、介護度が2のままでも、全額（10割）自己負担をすれば介護サービスを増やすことは可能だが、そんなことも到底、考えられない。

独居高齢者で経済的に苦しい人の中には、配偶者を亡《な》くした後に年金がひとり分減ったことで追いつめられるパターンが多い。夫婦2人分の年金で維持してきた生活が、突然、ひとり分に減り、生活を維持しきれなくなるためだ。

菊池さんも、3年前の夫の死が困窮のきっかけだった。

夫の生前は2人で13万円ほどの年金で暮らしてきたが、今は、自分の国民年金と夫の遺族年金、あわせて毎月8万円ほどの収入で生活している。自営業で工務店を営んできた夫を手伝ってきたが、専業主婦だったため厚生年金はない。

8万円の収入から家賃や生活費、介護サービス費用などを支払うと毎月3万円前後の赤字が出る。菊池さんは、赤字を埋めるために預金を取り崩して介護利用料などを払っているが、こうして預金で赤字を埋めながら暮らしているというのは、年金が少ない高齢者に多いケースだ。預金がなくなれば、今でさえギリギリの生活費や介護サービス料をさらに切り詰めなければならなくなる。

それでも生活が維持できなくなれば、生活保護を受けざるを得ない状況だ。菊池さんの預金額は40万円ほど。それがなくなるまでは、ギリギリの生活をし続けることになる。まさに「老後破産」へのカウントダウンが始まっている状況だった。

「お金さえあれば、もっと介護サービスも受けられるんでしょうけどね」

ベッドに座りながら、ぽつりとつぶやいた。菊池さんは、1日の大半をベッドの上で過ごす。いや、ベッドから離れようと歩き出せば、激痛を伴うため、ベッドの上から離れずに過ごさざるを得ない。

週に1度の訪問看護とは別に訪問介護サービスを受けているのは、動けない菊池さんに代わって、掃除や炊事をしてもらうためだ。その介護ヘルパーが菊池さんの家にいるのは、1日1時間ほどだ。毎日、朝8時半ごろにやってくる。しかし、残りの23時間、つまり1日のほとんどの時間をひとりで過ごしている。ひとりでいる時には、食事をしたり、トイレをしたりするために、激しい痛みを我慢して歩かなければならない。

初めて菊池さんがひとりで歩く光景を目にしたのは、ヘルパーが帰った後、昼食の時だった。寝室の隣にある台所まで歩いて昼食を取りに行くという。昼食はヘルパーが朝、作り置きしてくれている。ベッドから台所まで、元気な若者が歩けば数歩、もの10秒もかからないだろう。その場に立ち会うまでは、リウマチで足腰が痛いといっても、どれほど大変なのか想像がつかなかった。

　しかし、それからの数分間、想像を超える壮絶な光景を目の当《ま》たり《あ》にした。

　まず、菊池さんはベッドの上で「よし」と気合いを込めて立ち上がろうとした。床から天井に伸びる手すりを握りしめた。この棒につかまり、腕力で身体を持ち上げるようにして立ち上がる。

「よいしょー、よいしょー」

　棒を両腕でつかむと上体を腕で引っ張り上げ、立ち上がった。すぐに、ベッドの脇に置いてあったタイヤの付いた歩行器をしっかりと握る。赤ちゃんが歩き始めに使う歩行器の大きなものだった。その歩行器で身体を支えながら、ゆっくり、ゆっくり歩き始めた。1歩、1歩、踏みしめるように進む。途中で何度も立ち止まり、歩行器につかまりながら呼吸を整える。

　歩く時にも、立ち止まった時にも、歩行器を離すと、途端に倒れそうで、見ているだけでハラハラする。目の前に見えている台所まで、わずか5メートルの距離が果てしない旅路のようだ。懸命に進んでも、なかなか台所へたどり着かない。

　目的地の台所の冷蔵庫の中には、今朝、ヘルパーが作ってくれた昼食が入っている。

昼食の時、冷蔵庫まで食べ物を取りに行くというのは、毎日迎える「苦痛の時」でもあり、踏ん張り時でもあった。

ようやく台所にたどり着くと、もう、すぐそこに冷蔵庫がある。しかし、疲れているのか、１メートル進むのに、数分かかる。足が痛み、表情も険しくなっていた。立ち止まると、静かな部屋に「ゼーゼー」という荒い息が響く。

「ふー、ようやくたどり着きました」

片手で歩行器をつかみながら、もう一方の手で冷蔵庫の扉を開ける。少しでもバランスを崩せば、倒れ込みそうだ。ゆっくり、ゆっくりと冷蔵庫の扉をつかんで、中をのぞき込む。入っていたのはバナナと大好物のポテトサラダだ。歩行器をはなすと危ないため、歩行器をつかみながら、もう一方の手を伸ばしていく。

「がんばれ、もう少しです」

思わず応援していた。その時、手がようやくポテトサラダの容器に届いた。容器をつかむと、ゆっくりたぐり寄せ、冷蔵庫の扉を閉じた。そして、歩行器にぶら下げていた袋にポンッと入れた。歩行器を両手で必死につかんで歩く菊池さんは、片手で物を持って歩くことはできない。だから、歩行器には物を運ぶ際に使う袋がぶら下げてあるのだ。

そこから、再びベッドまで戻らなくてはならない。

まずUターンが必要だ。ゆっくりと歩行器を回転させた。半歩ずつ半歩ずつ、そのUターンにも数分がかかり、方向が定まると再び歩き出す。「ゼーゼー」と吐き出す息がさらに苦しそうになっていった。歩幅がどんどん小さくなり、ゆっくりしか進めないため、気の遠くなるほどの時間をかけてベッドへと歩いて行った。ようやくベッドの脇にある手すりに手をかけると、「よいしょー」というかけ声とともに、ベッドに倒れ込むように腰掛けた。

「ふー、ふー、ふー、ふー、ふー」

呼吸を整えるのに精一杯で、話すこともできないほどだった。2、3分かかって呼吸が落ち着いてきた時、菊池さんはようやく話すことができた。

「リウマチだけじゃなくてね、心臓にも持病があるので、ちょっと動くだけで息が上がっちゃうんです」

こうして昼食を取りに行く以外、菊池さんは歩くことはほとんどない。ベッドから動かずに生活できるよう、必要なものはベッドの周りに全《すべ》て置かれている。テレビやエアコンのリモコン、新聞も朝、ヘルパーがやってくる時にベッドまで運んできてくれる。しかし、食べ物は腐ってしまうため冷蔵庫に入れなければならない。そのため

「昼食を取りに行く」という試練が毎日、待ち受けているのだ。

この日の昼食のメニューは、ポテトサラダとバナナ1本だった。ポテトサラダの皿にかけてあったラップをはがすと、ゆっくりと口まで運んだ。

「おいしい」

誰に言うでもなく、独り言をつぶやきながら食べていた。明日も、また、昼食を取りに行くための「5メートルの試練」が待っている。この5メートルが歩けなくなったら、いよいよひとり暮らしを維持することさえ難しくなるのだ。

ひとりきりの老後

朝7時半過ぎ。菊池さんは、誰に会う約束がなくても、規則正しく起床する。私たち取材スタッフも、菊池さんと1日を過ごすために、朝早くから訪問していた。

「おはようございます」

窓から外に向かって、そう声をかけると、菊池さんはカーテンを開けるために、歩行器に手をかけた。窓際《まどぎわ》までは、ベッドから2、3歩の距離だ。さっとカーテンを開くと、勢いよく差し込んできた朝陽で部屋がぱーっと明るくなった。菊池さんは、窓辺に立つと、外へ向かって話しかけ始めた。

「おはようございます。おはようございます。樹木さん、おはよう。良い天気だね、樹木さんも気持ち良いよね」

菊池さんの1日は、こうして空や木、鳥たちと会話するところから始まる。

「ひとりでただ朝起きて、何も話さないのも楽しくないじゃない。こうして外に向かって話しかけると気持ちがすっとするんですよ」

朝8時。菊池さんには、昼食を取りに行く以外、朝にも試練があった。

「ああ、もうこんな時間だ」

壁の時計に目をやると、窓際を離れて、ベッドとは反対の方向へ歩行器を方向転換した。そこから歩いて数歩、玄関脇に置かれた洗濯機に向かった。毎朝、洗濯機を回しておくことが日課だったからだ。

介護ヘルパーが来る前に洗濯機を回しておけば、洗濯物をヘルパーが干してくれることになっている。ヘルパーが来てから洗濯機を回すと、1時間のヘルパー滞在時間内に洗濯物を干すことは難しくなる。そのため先に洗い終えておくことは必須《ひっす》だった。しかし、洗濯機といえばスイッチを入れるだけと思っていたが、それこそが菊池さんには大変な試練だった。

歩行器から手を離せない菊池さんは、片手で洗濯物をつかんで、洗濯機のスイッチを入れる。何度もかがみ込み、バランスを崩して倒れないように注意しながら、洗濯物をつかんでは、洗濯機の中に入れていく。そして最大の難関が洗剤を入れることだ。片手では、洗剤のキャップを外すことも容易ではない。

「固い、固い。開かない」

リウマチのため、手に力が入らず、キャップをうまく回せないのだ。身体に洗剤容器を挟んで動かないようにして、片手で必死にキャップを回す。そして、ようやくキャップが開くと、洗剤投入口に液体洗剤を入れなければならない。

洗剤を片手に持っているため、洗濯機によりかかるようにしてバランスをとる。痛む手元が安定せず、ブルブルと震わせながら、小さな洗剤投入口に液体洗剤を注ごうとするのだが、ブルブルと震えるたびに注ぎ口からこぼれてしまう。ようやく洗濯機にスイッチが入った頃には、ヘトヘトに疲れた表情に変わっていた。

８時30分、「おはようございます」という元気な声がすると、ヘルパーがやってきた。

まず取りかかったのが朝食作りだ。トントントントンと包丁で野菜を切り刻みながら、同時にフライパンに火をかけ、ハムエッグを作り始める。そのあまりの手際の良さに

見とれていると、
「1時間しかない中で、色々やるとなると、スピード重視、効率重視なんですよ」
とヘルパーが言った。10分も経《た》たないうちに味噌汁《みそしる》とハムエッグ、ご飯という朝食ができあがり、ベッドまで運ばれた。出来たての食事、湯気の上がった料理は、朝の食事だけだ。昼は冷蔵庫に作り置きされたおかずで済ませるし、夕食は弁当を宅配してもらっている。その大切な朝食を菊池さんは神妙な表情で食べていた。

菊池さんが食べている間もヘルパーは作業の手を止めることがない。昼食を作り、ポータブルトイレの掃除などにとりかかる。菊池さんが支払うことのできるサービス料は1時間分しかない。その時間を増やせないことが分かっているからこそ、時間を大切に、なるべく多くのサービスを詰め込もうと奮闘しているのだ。

9時30分。

ヘルパーが最後に取りかかったのが洗濯物を干す作業だった。

手際よく洗濯物をかごにいれ、台所の脇にある小さな部屋でぱんぱんと干し始める。スピードは速いが、しわをのばし、端と端とをきっちり重ねるようにして干していく。洗濯機を事前に回していなければ、到底、ここまで手が回らないかもしれない。

そのプロとしての手際の良さ、一方で少しの時間も動きを止めずに作業を続けるため、かなりの重労働であろうことを思い、頭が下がる思いにさせられた。

毎朝、1時間のヘルパーによる介護サービスは、ひとり暮らしを維持するために欠かせないものだ。しかし、もう少しサービスを増やしたいという思いは、介護スタッフや看護師の考えだけでなく、菊池さん自身の本音でもあった。

どんなサービスを増やしたいと思っているのか尋ねると、申し訳なさそうに菊池さんは打ち明けてくれた。

「例えばね、ポータブルトイレのことなんだけど……」

ポータブルのトイレは、ベッドのすぐ横に置いてある。

「午前中ヘルパーさんが掃除してくれるけど、本当は午後とか夕方にもう1度、掃除してくれたら嬉《うれ》しいんですけどね」

その時間帯は、トイレを利用したままにしておくため、どうしても臭《にお》いが部屋に充満してしまう。もちろん同居する家族がいれば、それは家族がやってくれることなのかもしれない。しかし、菊池さんにとって、頼れるのは訪問介護のサービスしかないが、介護サービスを増やす余裕はない。

老後の暮らしの安心や快適さは「お金」次第――それを十分に余裕をもって負担できる高齢者は少ないとしても――それが現実なのだ。

さらに介護ヘルパーの役割は、生活支援だけではないということも菊池さんに教えられた。毎朝、ヘルパーの訪問を終えると、長時間をひとりきりで過ごす。テレビを見たり、新聞を読んだり……ひとりで過ごす時間は、果てしなく長く、時間の経過がゆっくりとしたものに感じられる。人とおしゃべりすることが大好きな菊池さんにとって、この時間は寂しさとの闘いだ。取材スタッフとすっかり親しくなった菊池さんは、取材の帰り際、必ず引き留めるようになった。

「よかったら泊まっていきなさいよ。部屋はあるし、布団《ふとん》だって出せばあるんですから」

その言葉を聞くたびに、菊池さんをひとりにして立ち去ることが申し訳なくなった。

「また、来ますから」

毎回、後ろ髪を引かれる思いで菊池さんの部屋を後にした。菊池さんの背負っている孤独がとてつもなく大きなものだと感じる瞬間だった。

「外に出たい」

「私には夢があるんです」

取材で訪れたある日、菊池さんは唐突にこう言った。

「それはね、また外に出て散歩したり、買い物したりすることなんですよ」

菊池さんはかつて、同じ団地に友人が何人もいて、家族ぐるみで行き来するほど仲がよかった。近所に買い物に出かけてはばったり会い、立ち話が始まると楽しくて、なかなか家に帰れないほどだったという。年に数回、近所の友人や夫の仕事仲間たちと旅行するのが楽しみだった。

しかし、今はそうした外出をすることはない。車椅子《くるまいす》がないと出かけられないためだ。その車椅子を押してくれる家族もいない。近所の商店街をウインドーショッピングすることもかなわない夢となった。

そんな菊池さんにとって、外出のチャンスを得られる一縷《いちる》の望みは介護保険のサービスだ。しかし、それも現実は難しかった。食事作りやトイレ掃除、洗濯などで月々に利用できるサービスはほぼ埋まってしまう。これ以上「ヘルパーと外出する」サービスを増やすことなど——むろん、お金を払えば可能だが——不可能なことだった。

「季節ごとに咲く花や緑いっぱいの木を見るのが大好きなんですよ。外に出て思いっきり空気を吸ったら気持ちいいでしょうね」

菊池さんは遠い目をしながら、あきらめ顔でため息をついた。外の世界がよほど恋しいのか、団地の2階にある部屋の窓から木々が風に揺れる様子や団地の前の通りを行き交う人たちを飽きもせずにずっと見ている。

「朝はね、小学生たちがここを通っていくのを見るのが好きなんですよ」

その日も、小学生たちが陽気なはしゃぎ声を上げながら、登校していった。鬼ごっこをしながら走って行く子どもたち、じゃれ合ったり、時にはケンカしながら通り過ぎていく子どもたち。その様子を窓から、じっと見ている。その朝は、子どもたちが懐《なつ》かしい遊びをしながら通りかかった。

「じゃんけんぽん」

「チ・ヨ・コ・レ・イ・ト」

じゃんけんでチョキで勝った小学生が、チョコレートと言いながらジャンプしていく。

「じゃんけんぽん」

「パ・イ・ナ・ツ・プ・ル」

今度は、パーで勝った小学生がそれを追い越そうとジャンプしながら、前へ進んでいく。そんな窓から見える景色が菊池さんの知ることができる外の世界だった。

「外出が無理でも、せめてベランダでいいんです。ベランダにでも、出られたらって心から思うんです」

　窓の外には、小さなベランダがあった。陽当たりのいいベランダは、とても居心地がよさそうだ。でも、菊池さんは、自力でベランダに出ることができない。わずかに段差があるため、転んでしまう危険があるためだ。窓ガラス１枚隔てた外に出られないことが悔しいのか、その時は横顔に無念さがにじんでいた。

「もう外に出ることさえできないと思うと、死にたくなる時もあるのよ。往診に来てくれるお医者さんに、こんな歩けない身体になっちゃって、このベランダから飛び降りて死にたいって言ったらね、お医者さんが『菊池さんの部屋は２階だから飛び降りても死ねませんよ』って言われてね。その時は、２人で何となく笑い合って、そうやってお医者さんは励ましてくれたんだけどね。死にたいという思いは、消えない本心なの」

　外出して自由に外の世界を知ることができること、そして、会いたい人たちと会うこと、こうしたことが菊池さんには手に入らない。しかし、今は、手に入らない夢かもしれないが、いつか外へ出たいというささやかな夢がかなって欲しい――その手段がないと知りながら、それでも、そう願わずにいられない。

ベッドの上で過ごす菊池さんが、没頭していたのが塗り絵だった。

ベッドの周りには、色鉛筆で綺麗《きれい》に塗られた絵があちこちに貼《は》られている。手のリハビリを兼ねて勧められたのがきっかけだったが、綺麗に彩《いろど》る楽しさに夢中になって、ほとんどの時間を塗り絵に費やしている。

「塗り絵をしているとね、嫌なことを何も考えず夢中になれるんですよ。何もしていないと、悪いことばかり考えちゃうからねえ」

ふと見ると、茶摘みの様子が描かれた塗り絵に黄緑の色鉛筆を使って一心に塗っていた。

「茶摘みの頃の茶畑って本当に綺麗よね」

楽しそうに童謡「茶摘み」を歌いながら、塗り絵を続けている。

あっという間に1時間が経った。ひとりぼっちで過ごす時間、何かをしていたいのだろう。夢中になれるものが見つかった今は、少し穏やかに過ごせているのかもしれない。リウマチの痛みも、孤独も、すべてを忘れて、無心になって塗り続けていた。

今、車椅子がなければ外出が難しい菊池さんは、いつかは自分の足で歩いて、「外に出たい」という夢を持ち続けているが、専門のリハビリを受ける機会がないため、ひとりでリハビリを続けている。

ベッドの上で上体を起こし、手すりをつかむと、「よし」と気合いを入れて立ち上がった。そして、両足を踏ん張ると、両腕で手すりを握り、丸まった背中をぐーっと伸ばしていく。手すりを握りながら、ぐーっとさらに背伸びする。しばらく、その姿勢を保ってから、元の姿勢に戻り、ふうーっと息を吐いて休憩する。そして、また同じようにぐーっと身体を伸ばしていく。何度か繰り返した後、「終わり」と言ってベッドに腰掛けた。

「本当はこのリハビリは、ヘルパーや看護師がいないと危ないから、ひとりでやっては駄目って言われているのよ。だけど早く歩けるようになりたいじゃない。だから、時々こっそりやっているんですよ」

そう笑った。強い人だと思った。

「いつか外出する時のために、買ってあるものがあるんですよ」

菊池さんはテーブル下に置いてある箱を指さした。その箱は手の届かないところにあるが、なんとマジックハンドを取り出し、箱を引っ張り寄せた。

マジックハンドは子どものオモチャとして売られているが、1メートルぐらいの長さの棒の先が大きな洗濯バサミのようになっていて、物をはさめるようになっている。

それを、ベッドから離れていて、手の届かない物を取るために利用しているのだ。マジックハンドをうまく操作して、箱をはさむと、ズリズリと引き寄せてくる。手の届くところまで箱がやってきた。

「おお、やった。来た、来た」

その箱を開けると、中には新しい靴が入っていた。リウマチの足を痛めないように、布製のやわらかそうな真っ白な靴だった。2か月ほど前に500円ぐらいで買ったという靴には、白い布地にピンク色のラインが入っている。自慢げにその靴を披露した菊池さんは、「履いてみる」と言い出した。しかし、むくんだ足先がなかなか靴に入らない。ようやく足先を押し込むと、かかとの部分がどうにも入らない。悪戦苦闘を続けて、何とか靴の中に足を全部入れようとするが、どうしてもはみ出してしまう。

「買った時は大丈夫だったのよ。履けるはずなの……よし、もう1回」

この2か月で症状が悪化し、ひどくむくんだ足は明らかに靴のサイズを超えていた。

「駄目ですね……情けない。涙が出ちゃうよ」

履けなかった靴は、箱の中に戻された。その箱をマジックハンドを使って、机の下に押しやった後、奥へ奥へと押し込んだ。箱の存在を忘れてしまいたいと思っているのか、マジックハンドでも届かないところまで押し込むと、ほうっとため息をついた。

靴を取り出した時の笑顔はもうなかった。

「こんな老後になるなんて」

菊池さんの部屋には、壁のいたるところに夫の写真が飾られている。夫の幸夫さん（仮名）は3年前に、肝臓ガンで亡くなった。ベッドの正面、菊池さんと向き合うように飾られた写真は、幸夫さんが亡くなる直前の誕生日に撮った写真だ。当時、夫婦は２人そろって介護サービスを受けていた。

「この部屋で撮ったんですよ。ヘルパーさんが気を遣って、撮ってくれたの」

夫婦が寄り添って笑顔で写っているこの写真が、気に入っているようだった。

「あの人はお酒とたばこが大好きだったんですよ。一度、お酒は飲んじゃ駄目っておいしゃさんに言われていたから、隠したことがあったんだけどね。探し出しちゃうんですね、全部飲まれましたよ」

幸夫さんの仏壇の前には、たばこが供えてある。

「たばこもあまり吸わないように本数を制限していたんです。でも亡くなる直前、かわいそうになって、わざと夫の見えるところに一箱置いていたんです。でも結局、夫は気付かずに亡くなっちゃったの。だからこれは『忘れ物だよ』って、供えてあげているんです」

寂しがり屋だった幸夫さんは生前、「俺はお前より先に逝《ゆ》きたい。だから見送ってくれ」と口癖のようにいつも言っていたという。夫の写真を見つめながら、仏壇に向かって菊池さんはつぶやいていた。

「残されたこっちだって寂しいよ」

菊池さん夫婦はともに東北出身だ。昭和30年代、仕事を求めて上京してきた若者のひとり、それが幸夫さんだった。同郷の人が菊池さんとのお見合い話を持ちかけてくれた。

「どちらが先に惚《ほ》れたんですか?」

そう質問を投げかけると、

「そりゃ、旦那《だんな》に決まっているでしょ。私は最初は何とも思わなかったんだから」と笑って答えた。夫の話をする時の菊池さんは、本当に楽しそうだ。

東京で結婚生活をスタートさせると、まもなくひとり息子が誕生した。幸夫さんは工務店を営み、一家を支えた。菊池さんもその工務店で経理の仕事を手伝いながら、子育てに追われる充実した毎日を過ごしていた。

晩酌を楽しみにしている幸夫さんのために、菊池さんは腕を振るった。イカの塩辛や大根の煮付けなど、幸夫さんの好物を必ず食卓に並べた。

「毎日、お疲れ様っていう思いを込めて料理していたのよ」

ベッド脇のテーブルに置いてある菓子折の箱には、幸夫さんとの想《おも》い出が詰まっていた。家族でお祭りに行った時に撮った写真、家族旅行をするたびに記念に写した写真……数え切れないほどたくさんの写真だった。

「あの人はドライブが好きだったんですよ。だから車で色々よく行きましたよ」

菊池さんたちが30代の頃、１９６０年代の頃には、自家用車を持っている人はそれほど多くはなかった。幸夫さんは奮発して車を買うと、自慢の車であちこち旅をした。写真に写る幸夫さんは、がっちりと体格もよく、いかめしい表情をしている。その横には柔和な笑顔の菊池さんがいる。

「思い出の旅はあるんですか？」

そう聞くと「うーん、全部大切な思い出だけど」と言いながら、東北へ釣り旅行に出かけた時のことを話し始めた。幸夫さんの世代の男性には、釣りが趣味という人が多い。幸夫さんも例外なく「大の釣り好き」だった。そんな幸夫さんと東北の山奥へ渓流釣りに向かった。車を降りた後、道なき道を進むと、遠くで水の流れる音が聞こえてくる。そして突然、視界が開けると、そこには美しい緑に抱かれるように、川が流れていた。綺麗に澄んだ水は川底が見えるほど透明だった。

見事な景色に感動した以上に驚いたのは、目の前で次々と魚を釣り上げる幸夫さんの腕前だ。

「竿《さお》をひょいって投げると、もう釣れているんですよ」

思い出話はいつまでも尽きることがなかった。

ひとり息子と夫の死

おしどり夫婦が不幸に見舞われたのは、晩年のことだった。ひとり息子、幸一さん（仮名）の死だ。大学を卒業後、運送会社で働いていた幸一さんは、夫が亡くなる5年前に亡くなっていたのだ。まだ40代の若さだった。会社に出勤してこなかったことで同僚が不審に思い、家に様子を見に行って倒れている姿が発見された。

「無断欠勤するような子じゃなかったんです。それで同僚も早めに気付いてくれたようですが……」

はっきりとした死因は今でも分かっていないが、無理を重ねた末の過労死ではないかと菊池さんは思っている。結婚をしていなかった幸一さんは、過酷な勤務が続いても、身体の不調に気付いてくれる人がいなかったのかもしれない。

「今となっては本当のところは分かりませんが……悔しいですね」

うつむいて、ポツリと言った。母親思いの幸一さんは、子どもの頃からお母さんが暗い表情をしていると、「お母さん、どうしたの？」といつも気遣ってくれた。

「『どうしたの』が、まだ言えない小さい頃は『どちたの？　どちたの？』って顔をのぞきこんでくれて……本当に優しい子でした」

幸一さんの遺影の方を見つめて、菊池さんは涙ながらに意外なことを口にした。

「あの子がかわいそう、かわいそう。本当は産むべきじゃなかったんですね」

菊池さんは身体が弱くて、10代の頃は結核を患うなど入院しなければならないことが続いた。医者からは「病弱な菊池さんに出産は難しいのではないか」と告げられたほどだった。

「私の身体が弱いせいで息子も丈夫に産んでやれなかった。もっと丈夫に産んであげたかった」

息子が早くに亡くなったのは、自分のせいだと責め続けているのだ。

「あの子に申し訳ない」

目に大きな涙をためて、こらえるように菊池さんは話してくれた。
「あの子は私たち夫婦の面倒もみるよって言ってくれていたんです」
息子が元気だった頃、菊池さんは老後のことを心配することはなかった。いざとなれば、息子もいるから何とかなるだろうと考えていた。思いがけない息子の死は、老後に頼れる人をなくすことでもあった。

息子を失った後、絶望せずに生きてこられたのは、夫、幸夫さんの存在があったからだ。精神的にはもちろん、経済的な面でも菊池さんは夫に支えられてきた。夫の年金収入があったからこそ、これまで生活に大きな不自由を感じることなく暮らしていくことができたのだ。

幸夫さんは自営で工務店を営んでいたため、収入は国民年金が月額6万5千円ほどだった。一方、菊池さんも同じように国民年金約6万5千円の収入があり、合わせて月額13万円余りが2人の収入だった。高齢者の夫婦が暮らしていくには、贅沢《ぜいたく》はできないが、それでも十分な暮らしができていたという。

しかし、その暮らしを一変させたのが、3年前の夫の死だった。夫の年金収入がなくなってしまったのである。

「夫が亡くなってから経済的に苦しくなったのは間違いありません」

菊池さんだけでなく、先にどちらかが亡くなり、ひとり暮らしになった途端、「老後破産」状態になったというケースは少なくない。同居する家族がいなくなれば、逆に介護サービスなどは増やさざるを得ないことも多く、収入が減っても、支出が増えるため、ますます厳しい状況に陥るのだ。

「夫婦が同居していても、いつかはひとりになる」

当たり前のことだ。現在も夫婦や親子、兄弟など高齢者同士で暮らしている世帯は1千万世帯を超える。そうした人たちも、やがて、どちらかひとりが残される。その時、「頼れるお金」と「頼れる人」がなければ――「老後破産」のリスクを抱えることになるのだ。

「これからの時代、ますます生活は苦しくなるでしょうね」

菊池さんはベッドの傍らにある小さな箪笥《たんす》の引き出しから巾着袋《きんちゃくぶくろ》を取り出した。取り出したのは信用金庫の預金通帳だった。入金の欄には、年金の振り込みが記載されている。2014年6月の振込額を見ていた菊池さんは、声を荒らげた。

「減らされているね。500円？　千円？　どっちにしても私にとっては大きな金額ですよ」

社会保障費の抑制が急務となった国は段階的に年金額を引き下げている。菊池さんの場合は、昨年から今年にかけて、年間で5千円ほどの減額だ。一方で消費税は5%から8%に上がり、介護保険料なども値上げが続く。預金を取り崩すペースも速まっていくかもしれない。

「じわじわ真綿で首を絞められるようなやり方ですよね。どうせ殺すなら、一気に殺して欲しい。もう長生きしたいなんて思わない」

普段、声を荒らげることのない菊池さんが、語気を強めて語った。「真綿でじわじわと首を絞める」という表現の通り、少しずつ、少しずつ、苦しくなっているのだ。

「残酷すぎる。こんなことなら、生きていたくない」

菊池さんも「生きていたくない」と生きづらさを訴えた。私たち取材スタッフは、「生きていたくない」「死んでしまいたい」とお年寄りが口にする言葉を度々、耳にした。なぜ、お年寄りが「生きていて良かった」と思える社会が実現できないのだろう。

解決策を見いだすためにも、多くのお年寄りが「老後破産」に追いつめられ、生きる気力さえ失いかけているという現実を直視するしかない。そこから始めなければならない、そう思った。

都会の孤独

8月のある日、菊池さんが暮らす団地では、はっぴを着た人が大勢行き交い、提灯《ちょうちん》が広場に飾られていた。近くの公園には盆踊り会場も用意された。団地の恒例行事の夏祭りだった。夫の幸夫さんが自治会長をしていた頃、菊池さんも地域の先頭に立って盆踊り大会の準備に追われたこともあるという。

「昔は団地の一大行事だったからね。家族そろって出かけたものですよ。今はどうでしょうかね、最近は地域のつながりも薄くなっているでしょうしね……」

夕方、かすかに祭り囃子《ばやし》の音が聞こえてきた。通りには浴衣《ゆかた》姿の女性たちも目につくようになった。少し歩くと、盆踊りの特設ステージが見えてくる。ちょうど「東京音頭」が流れ、浴衣姿の年配女性が気持ちよさそうに踊っていた。ステージ中央の櫓《やぐら》の上で、ねじり鉢巻きの男性が勢いよく太鼓を叩《たた》いている。祭りの会場は熱気に包まれていた。

ステージを取り囲むようにして、屋台が並んでいた。香ばしいソースの匂《にお》いを漂わせる焼きそば、真っ赤な色をしたリンゴ飴《あめ》。あちこちで母親が子どもから「買って買って」と、ねだられている。

菊池さんも息子の手を引いて、祭りを楽しんだこともあったのだろう。今は、外へ出られないため、遠くから聞こえてくる祭りの音でにぎわいをかろうじて知ることができるだけだった。祭りの夜、菊池さんは、部屋でひとりでテレビを見ていた。懐メロ特集だった。

「この番組、毎年必ずやるんですよ。私、この番組好きなの」

テレビでは80年代の『赤いスイートピー』が流れていた。ふと見ると、菊池さんは、遠くから聞こえる祭りの音をかき消すように懐かしいメロディーを口ずさんでいた。

夜、テレビを消すと、部屋の中に静寂が広がる。そろそろ寝る時間だ。菊池さんは、窓際まで歩いて行くと、朝と同じように、外に向かって話しかけた。

「樹木さん、きょうもお疲れ様でした。皆さんお疲れ様でした。きょう1日ありがとう」

その時、上空の方を見上げると、大きな声をあげた。

「あら、月が見える。お月さんが見えるじゃないの。ありがとう。お月さん、顔を見せてくれてありがとう」

窓を見上げると、真っ白な満月が空に浮かんでいる。

「お願いよ。ベランダに出たい。ベランダに出たい。手伝ってくれない？」

菊池さんは取材で訪れていた私たちに懇願した。どうしようか迷っていると、自力で出ようと窓に手をかけている。

「分かりました。では、ゆっくり出ましょう」

ディレクター、カメラマン、音声スタッフと男性スタッフが3名そろっている。総出で支えれば何とかなると、覚悟を決めた。歩行器があってはベランダの段差を降りることはできないため、歩行器なしで進んでいかなければならない。ひとりが両手をとり、歩行器の手すりの役目をしながら、残りの2人が両脇から支える。ベランダの段差まで、何とかやってきた。

いよいよ、最大の難所、段差だ。その高さは15センチほどのものだったが、リウマチの影響で手足に力が入らない菊池さんにとっては、足が持ち上がらないため段差を超えられない。ひとりが両手を支え、もうひとりが右足を持ち上げて、段差の先にゆっくりと降ろしていくことにした。

「片方ずつですよ。ゆっくりでいいですからね」

右足がベランダに着くと、次は左足だ。今度は、左足を持ち上げて、ゆっくりとべランダに降ろしていく。ベランダに降り立つと、柵《さく》に手が届くところまで進んだ。部屋の中とは違い、外の風が心地よいのか、菊池さんは顔を紅潮させ、興奮していた。

「月がはっきり見える。きれい……」

手すりにすがるようにつかまって、月を見上げている。感動で目を潤《うる》ませながら、ただ月を見続けている。

「ありがとうございました。ありがとうございました」

感謝の言葉を何度も繰り返した。窓の外のベランダに出るという、それだけのことがかけがえのないことだったのだ。外の風が頬をなでるように通り抜けていく。いつまでも、そうしていたいようだったが、名残惜しそうに振り向いた。

「皆さんにも迷惑をかけるし、そろそろお部屋に戻りましょうかね」

すっきりとした表情をして、菊池さんはベッドへ戻って行った。

2か月に1度の楽しみ

菊池さんには、2か月に1度、1時間だけ「外出」の機会がある。2か月に1度の年金支給日に、ヘルパーに連れられ、信用金庫で預金を下ろすための「外出」だ。しかし、介護保険で利用できるサービスは、目いっぱい利用しているため、その外出は全額自己負担（通常の介護サービスは菊池さんの場合、1割負担）となり、2千円前後の負担となる。それでも、菊池さんは楽しみにその日を待っている。

その信用金庫は、都営団地のすぐそば。小さな商店街の一角にある。かつて、毎日のように通った商店街だ。

8月半ば、偶数月の年金支給日を迎えた。菊池さんはこの日を待ち構えていた。その朝、菊池さんの家に取材スタッフが到着したのは朝9時、いつもなら朝食を食べている時間だ。

「菊池さん、おはようございます」

部屋に入ると、特別に早起きしたという菊池さんは、すでに外出用の服装に着替えてベッドに腰掛けていた。準備万端で、足元を見ると、靴下を履いていた。ひとりで靴下を履けたのか、と驚いてたずねた。

「靴下、自分で履いたんですか？　痛くなかったですか？」

靴下を履くためには、上体を折り曲げて、かがみ込まなければならない。自分で履いたとすれば、痛みをこらえて無理したのだろう。それほど外出が楽しみだったに違いない。

「せっかく外出するのに、靴下を履かずに出かけるわけにはいかないでしょ」

ウキウキとはずんだ声で答えた菊池さんは、いつも以上の笑顔だった。そうこうしているうちに、外出を介助する担当のヘルパーがやってきた。

「天気が良くて、よかったですね。雨だったら大変でしたね」

ヘルパーは、ここまで急いで来たのか、汗をかいている。

「本当だね」

嬉しそうに、菊池さんが見上げた窓から、ギラギラと太陽が照りつけているのが見えた。

「そろそろ出かけましょうか」

菊池さんはベッドから立ち上がった。ヘルパーに支えられながら、ゆっくり車椅子に移動する。そして安全ベルトで身体を固定すると、靴を履かせてもらった。その靴は、外出する時のために買っておいた新しいピンク色のラインの靴ではなく、古い茶色いものだった。この日も、新しい靴は、足がむくんでいるため入らなかった。そのことは少し菊池さんを落胆させたが、それでも、この日の菊池さんの表情は明るかった。夏の日差しを避けるため帽子をかぶると、２人はそのまま外へ出て行った。

菊池さんを乗せた車椅子がエレベーターから降りると、１階にはエントランスがある。そのエントランスを過ぎるといよいよ外だ。「ふわ」と菊池さんの顔に笑顔が広がった。

信用金庫まではゆっくり歩いても10分ほどの道のりだ。途中、大きな公園の中を通って向かう。公園では、大きな木が鬱蒼《うっそう》としげる森のようなところを通った。蝉《せみ》のけたたましい鳴き声が周囲を包む。

「あ、あれはイチョウの木だね。あれはジンチョウゲだね」

菊池さんは途中で車椅子をとめてもらいながら、ゆっくりと夏の景色を楽しんでいるようだった。

車椅子を押しながら、笑顔で話す2人の様子を何も知らない人が見ると、まるで散歩を楽しんでいる親子のようにしか見えないだろう。公園を抜けると、小さな商店街に出る。食堂、八百屋、肉屋、どれも古くから続いてきたと思わせる個人商店が建ち並んでいる。

「このあたりは私が毎日のように買い物に通ったところなのよ。今では少し廃《すた》れたけど、昔は夕方になると大賑《おおにぎ》わいだったんだから」

菊池さん曰《いわ》く、20～30年前まではこの商店街は団地の人たちにとって買い物をする場所というだけでなく、社交場でもあったのだという。近所の人たちがここで顔を合わせ、世間話をしたり近況を報告し合ったりしていた。しかし、郊外に大型スーパーなどの出店が相次ぎ、徐々に人の流れが変わってしまったのだという。大型のショッピングモールが進出したことで、地元の個人商店が廃業に追い込まれ、商店街がシャッター通りになってしまうという話はよく聞く話だ。そうした古くからの商店街は、「つながり」の起点でもあった。こうして地域の人を結ぶつながりがますます薄くなってしまうのだろう。

車椅子を押されて商店街をゆっくりと進み、しばらくすると地元の信用金庫の看板が目に入った。

「ここですよ。いつも行っている信用金庫さんです」

車椅子のまま、菊池さんは信用金庫の中へと入っていった。窓口が2つだけの小さな出張所だったが、菊池さんたちが入っていくと、「こんにちは」と顔見知りの職員が笑顔で声をかけてくれる。菊池さんが2か月に1度、「年金を下ろしにやってくる」ことも承知しているようだった。「いつもの段取りでいいですね」と確認すると、払い出しのための用紙を準備してくれた。リウマチの痛む手で小さな文字を書くことが難しい菊池さんは、いつもヘルパーに代わりに書いてもらっている。

【¥80000】

決まって、２か月分の生活費として８万円を引き下ろす。ヘルパーは心配して「足りないんじゃないですか」と聞くのだが、菊池さんは「大丈夫」と言うだけだった。

現金の入った封筒を受け取ると礼を言って２人は信用金庫を後にした。帰りがてら、再び商店街の通りをゆっくりと進んだ。この信用金庫からの帰り道、菊池さんには決まって立ち寄る洋品店がある。なぜかいつも大売り出しをしている店だ。

【ブラウス￥５００】【靴下三足￥３００】【ワンピース￥１０００】といった値札が目に入る。生活に余裕がなくなってからは、洋服を買うこともなくなった菊池さんにも、どうにか手が届きそうな顔なじみの洋品店だ。それでも、買うことはあまりない。見て回るだけでも楽しいのだという。菊池さんは車椅子を押してもらって、店内をぐるりと回る。時々手をとめてはデザインや質感を確かめ、値札を確認して棚に戻す。

結局、この日も菊池さんが服を買うことはなかった。

「気に入る洋服は、なかったんですか？」

そう聞くと、

「贅沢はできないからね」というひと言が返ってきた。

洋品店を出てから、少し歩くと弁当屋があった。街のいたるところで見かけるチェーン店の弁当屋だった。

ふと菊池さんはその店の前で立ち止まると「このお弁当、美味《おい》しそうだね」と言った。菊池さんが指さしていたのは入口の扉に張られていた唐揚げ弁当のポスターだった。

「これ、みんなで買ってうちで食べていかない？」

菊池さんが私たち取材スタッフに提案した。時刻はちょうど、正午になろうとしていた。もちろん異論は無い。そこでスタッフ３人分と、菊池さんの弁当を買って帰ることにした。

家に到着して、車椅子から降りる時、「よいしょ」と大きな息を吐き、ベッドに座り込んだ。

「いやー、暑かったね」

帽子を脱ぐと、顔を紅潮させていた。そして、遠足を終えた子どものように屈託なく笑っている。

「楽しかった。やっぱり外はいいですね」

作りたてのあたたかい弁当を開け、唐揚げをほおばった。勢いよく弁当を食べる取材スタッフを菊池さんはニコニコしながら見ている。

「本当はね、唐揚げ弁当が食べたいというより、この部屋でみんなでご飯を食べたかったんですよ。ほら、いつも私ひとりでご飯食べているでしょ」

そう言いながら、自分が食べるよりも、一緒に食べる人がいることが嬉しいのか、見ているばかりで箸《はし》が進まない。

「ヘルパーさんも、お菓子食べて行きなさいよ、お茶飲んで行きなさいよ、って誘うんです。でも規定でそれはできないって断られるから、こうやってみんなで食べるのが久しぶりなんです」

菊池さんが喜んでくれたことで、少しは役に立てたのかなとうれしくなった。

「近所においしいラーメン屋があって、出前してくれるからまた来なさいよ」

菊池さんは、そう切り出した。亡《な》くなった夫の幸夫さんはラーメンが大好物で、幸夫さんがお気に入りの醤油《しょうゆ》ラーメンが〝絶品〟だから一緒に食べようと言うのだ。

絶品ラーメンにつられたのではなく、菊池さんが誘ってくれることが嬉しくて「また遊びに来ます。その時ラーメン食べましょうね」と約束した。

避けられない「老後破産」

9月、菊池さんの取材や撮影が終わり、ちょうど編集作業を始めた頃、異変が起きた。事実関係で確認したいことがあって、菊池さんに電話をかけた。普段、菊池さんは5秒も経たないうちに電話に出る。ベッドの枕元《まくらもと》に常にコードレスの電話が置いてあるからだ。外出することはほとんどないため、コール音が鳴ればすぐに電話に出てくれていたはずだった。しかし、この日はなかなか出ない。何度かけても、呼び出し音が鳴り続けているだけだった。

「おかしいな」と思いつつ、デイサービスか何かで出かけているのだろうと、その時はそう思った。

嫌な予感がしたのは、1時間後、再び電話をかけた時だった。この時間であれば間違いなく自宅にいるはずの時刻だ。それでも呼び出し音は鳴っているのに、菊池さんは電話に出ない。「部屋で倒れてはいないだろうか……いや、寝ているだけかもしれない」などと考えても、心配は尽きず、デイサービスの施設に電話をかけてみることにした。

「菊池さんは入院されました」

病状などを聞いてみても、デイサービスの担当者は「個人情報の問題があるので」と、それ以上のことは教えてくれなかった。

電話から30分後、菊池さんが入院しているという病院に到着した。時刻は午後7時過ぎ。廊下を歩いていると、寝息や呼吸器を動かす機械の音が周りから聞こえてくるほど、静かな病棟だった。夕食を終えた入院患者はもう寝る準備を始めていた。

「ここが菊池さんの病室です。一番奥のベッドですよ」

カーテンをあけて中に入ると、菊池さんは、「あっ」と気がついて起き上がろうとした。

「寝ているままで大丈夫です。心配でお見舞いに来ました」と小さな声で告げた。

「ごめんなさいね、心配をかけて」と菊池さんは弱々しい声で答えると、申し訳なさそうに微笑《ほほえ》んだ。

事情を聞くと、この日の朝、ヘルパーが来ている時に急に胸が締め付けられるように苦しくなり、救急車で運ばれたという。治療を受けた後は、比較的容体も安定してきているし、命に別状はないと聞き、ひとまず安心した。

しかし入院は、菊池さんをさらに苦しめるものとなっていった。体調の悪化で入院したことを機に、菊池さんの介護プランを見直し、介護サービスを増やしていかなくてはならなくなったためだ。介護サービスの内容を決めるのは、ケアマネージャー、つまり高齢者の介護プランを作る責任者だ。

「介護認定を変更しようと思っています」とケアマネージャーは言った。

介護認定は原則として1年に1回審査を行うことになっている。ひとりで歩けるのか、日常のことがどの程度できるのか、認知症はあるのか、などを総合的に判断して要介護1から要介護5までのどの段階にあるかについて、5段階に認定される。菊池さんは、現状では、要介護「2」――すなわち一番、サービスが少なくてすむ「1」の次の段階――だが、ケアマネージャーは要介護「3」、つまり1段階、重い症状の程度に見直しをしようと考えていた。

要介護3になれば介護サービスを使える枠も増えるが、基本料は高くなり、サービスが増える分、負担も重くなる。そうなると負担しきれなくなり、一気に「老後破産」に追い込まれる可能性もある。しかし、もし認定が見直されず、要介護2のままであれば、サービスが不十分で、安心して在宅生活を続けることは難しくなるだろう。菊池さんのように介護サービスを切り詰めている人は、「老後破産」の不安を抱えたまま、まさに綱渡りのような生活を続けているのだ。

入院から3日目、再びお見舞いに行くと、菊池さんはベッドから起き上がり、備え付けの小さなテーブルで雑誌を読んでいるところだった。

「この足見て下さいよ。すっかりきれいな足になったでしょ」

嬉《うれ》しそうに見せてくれた足は、パンパンに腫《は》れていたむくみがとれ、すっきりとしていた。食欲も元に戻り、テーブルにあった昼食のトレーは全部食べ終えていた。

「退院は2週間後くらいになりそうなのよ。本当は一刻も早く帰りたいんですけどね」

看護師が24時間いて、安心できる入院生活が快適かといえば、そうではなく、住み慣れた我が家に戻りたいと菊池さんは話していた。だからこそ、退院後の生活を心配していた。要介護2が、要介護3になるのかどうか、ということだった。もちろん要介護3になれば、サービスを増やすことができる一方で負担額は増える。経済的には厳しいが、ひとり暮らしを維持するためには、やむを得ない出費だ。むしろ、要介護2のままでひとり暮らしを維持することの方が難しいと思っているようだった。

数週間後、菊池さんは無事退院した。結局、要介護3と認定され、出費が増えた分、預金を目減りさせながらギリギリの暮らしを続けている。預金がゼロになった時――

もちろん菊池さんは預金を少しでも手元に残して亡くなりたいと思っている──その時初めて、生活保護を受けられることになる。そうなれば、医療費と介護サービス料は免除されるため、サービスを増やしても負担を伴うことはなくなる。

ギリギリで頑張っていて、それでもサービスを増やせない菊池さんを見ていると、なぜ今、手を差し伸べてあげられるような仕組みがないのか、と思わせられる。

菊池さんに必要なのは、介護サービスの充実だが、その介護費用の負担が生活を追いつめている。しかし、十分に介護を受けるための制度は「生活保護制度」しかないのだ。「老後破産」を未然にくい止めるための制度──たとえば医療や介護の費用の減額や免除など──そういった事前の策をもっと拡充させなければ、「老後破産」の末に生活保護を受ける高齢者が増加し続けることは避けられないと見られている。社会保障費の抑制を前提にしても、「老後破産」に陥らせない制度の構築が待たれるのではないだろうか。

「家族機能」を前提とした介護保険制度

そもそも国民年金の収入だけで老後、ひとりで暮らしていくことは現実的に可能なのか。現在の国民年金は満額でも月額およそ６万５千円。生活保護制度で単身高齢者に支給される生活保護費が13万円前後であることと比べれば、憲法で認められた水準以下ということになる。

「高齢者は、家を持っているから生活保護水準と同列に見られない」

そう反論する人もあろう。しかし、生活保護制度では、家賃などに対する「住宅扶助」と生活費などに対する「生活扶助」に分けて補塡《ほてん》する仕組みもある。都市部では、生活扶助の金額は、月額およそ８万円前後であるため、国民年金は満額でもそれを下回ることになる。つまり、国民年金だけで暮らしている人は、預金などの資産がなければ生活保護を受ける権利を持っていることになるのだ。

ところが、多くの高齢者は、その権利を行使していない。「贅沢は敵」とばかりに、出費を切り詰め、堪え忍んでいる。生活保護を受けることは、「国の御世話になること」でもあり、罪悪感を伴うと訴える声も多い。しかし、ギリギリまで我慢していても、病気になったり、介護が必要になれば、生活保護を受けざるを得ない状況になる。今後、こうした高齢者は、加速度的に増えていくと見られている。

年金制度など、社会保障の土台を形成する制度が作られた時代は、ひとり暮らしの高齢者はむしろ珍しかった。家族と同居するのが当たり前の時代に作られた制度を見直していないことも、「老後破産」の現象を深刻化させている一因ではなかろうか。

そもそも、国民全員が年金に加入する国民年金制度ができたのは、50年以上前の1961年に遡《さかのぼ》る。当時は、子や孫と暮らす3世代同居率の割合も高く、大黒柱である父親が働き、祖父母の年金は〝おこづかい〟のようなものだった。現在とデータが比較できる1980年に65歳以上の高齢者のいる世帯の3世代同居率は50・1％だったのが、2013年は13・2％にまで低下している。つまり、年金は〝おこづかい〟ではなく、生活の主たる収入にあてなければならなくなってきているのだ。高齢者が夫婦や親子などで同居していれば、2人分の年金を合算して生活費にしていけるが、ひとり暮らしの場合、ひとり分の年金で暮らしていかなくてはならない。

その前提が制度にそぐわないと指摘しているのが、前出の明治学院大学の河合克義教授だ。「国民年金は制度自体、ある程度、家族機能がはたらくことを前提に作られたもの」と指摘している。

老後、ひとり暮らしになった時に自分の年金だけで暮らしていけるのだろうか——現状よりも、さらに年金額は減額されていく——そう考えると、多くの人が老後に不安を感じているのではなかろうか。

避けられない事態として「老後破産」に直面した時、どんな救済措置や支援があるのか。それを知っておくことも、備えになるのかもしれない。

第3章 なぜ「老後破産」に陥るのか～社会保障制度の落とし穴

長生きすれば預金も底をついてしまうし、
その前に死んでしまいたいよ——

じわじわと追いつめられる「老後破産」の恐怖

「老後破産」の怖さは、じわじわと追いつめられていくところにある。取材をした多くの高齢者は一気に破産状態に陥るというわけではない。生活苦に陥り、家を売却したり、預金を使い果たしたりすることで、最終的に「老後破産」になってしまうのだ。時間をかけて追い込まれていくため、不安や恐怖は長期間続く。その根本にあるのが、「本当に財産がゼロになっても、生活保護を受ければ暮らしていけるのか」ということだ。そのために、なるべく預金を目減りさせまいと切り詰めた生活を続け、場合によっては医療費や介護サービスも節約――病気の悪化など命の危険を伴う節約だが――をしてしまう。

都内の足立区にあるヘルパーステーションを取材すると、「じわじわと追いつめられる」典型的な「老後破産」のケースを紹介してもらえることになった。

人と話すのが大好きという川西真一さん（仮名・83歳）。担当のケアマネージャーに案内され、川西さんの家を初めて訪れた時、玄関から入ってすぐの畳敷きの居間で出迎えてくれた。８畳ほどの居間の奥には５畳ほどの台所がある。かつて家族で暮らしていた家は広く、２階部分は今は使っていないという。

座布団《ざぶとん》に座るようにすすめると、「お茶を飲むかい」と言いながら、お茶の準備をするために台所に歩いていった。その時、少し足をひきずっているのが気になった。

「足腰がちょっと悪くてね。心配するほどじゃないんですよ」

川西さんは、数年前から足の関節が痛むようになり、長時間歩くことはできなくなった。しかし、介護サービスは、週に１度だけだ。まとまった買い物、掃除などを手伝ってくれるが、毎日の家事はひとりでやらなければならない。

「慣れたもんですよ。もう何十年もこうやってひとりで生きてきたんだから……」

父親が大工だった川西さんは、高校を卒業後、すぐに大工見習いから始め、それ以来、大工の仕事一筋だ。30歳で棟梁《とうりょう》になると独立して仕事を受けるようになった。そして70歳頃、身体《からだ》が言うことを聞かなくなり、ハシゴに上れなくなったことを機に引退を決めた。

50年余り大工を続けてきたが、自営業で企業の厚生年金はないため、年金は国民年金だけだ。保険料が納められない時期もあったため、満額もらうことはできず、月額

〈川西さんの収支〉

●収入（月額）

国民年金＝６万円

●支出（月額）

光熱費や電話代などの公共料金＝１万円

生活費（食費など）＝５万５千円

医療費（通院費用含む）と各種保険料＝１万５千円

介護サービス＝５千円

残高　－２万５千円

６万円の年金で暮らしている。その収入では、全く足りないため、預金を切り崩しながら何とかしのいでいる日々だ。川西さんのように、自営業や農業などで厚生年金がなく、国民年金を頼りに老後を暮らす人にとって、ひとり暮らしは厳しいものになる。

満額でも６万５千円程度という収入は、光熱費や保険料といった必要不可欠な支出を除けば、手元にはほとんど残らない。食費などの生活費にも事欠くことになる。川西さんの収支も、常に赤字だ。

川西さんがどのような暮らしをしているのか、冷蔵庫の中を見せてくれた。卵やパックに入った肉や魚の切り身などスーパーで買ってきた食材がぎっしりと詰まっている。

「足腰が痛むので、外食に行けないということもあるんだけど、やっぱりお金のことを考えるとね。作る方が安いからね」

夕方6時前。その日の夕食のために冷蔵庫から取り出したのは、鯖《さば》の切り身だった。4切れ入って240円と書いてあった。1切れ、フライパンに油をひき、じゅーっと音を立てながら手際《てぎわ》よく焼いていく。切り身を裏返すと、こんがり綺麗《きれい》な焼き目がついていた。

魚を焼いているコンロのすぐ下に、小さな炊飯器が置いてあった。保温を示すオレンジのランプがついている。お米は、1日分、まとめて炊《た》いているのだろう。ものの5分ほどで夕食が完成した。

【焼き鯖（1切れ60円）・ご飯・インスタントの中華スープ（1袋5円）】

1食分、100円ほどに食費を切り詰めているが、それでも赤字だという。その他の出費がどうなっているのか、支出の内訳を詳しく聞いた。すると、ベッドの下から箱を取り出し、バサッと領収書の束を見せてくれた。見ると電気や水道、ガスなどの公共料金に加え、医療費や介護費用の領収書もあった。

電気や水道など公共料金は毎月およそ1万円。月々の医療費は通院治療する費用だけで5千円かかる。

「それ以外にも、2か月に1回、抗ガン剤注射を打たないといけないんですよ。その注射が高額で、その負担もあるんですよ」

3年前に前立腺《ぜんりつせん》ガンが見つかり、手術をした後、再発を防ぐために、2か月に1回注射を打たなくてはならないという。その注射は保険がきいても1回に4千円ほどかかるというのだ。糖尿病などの慢性病の治療に加えて、注射代も計算に入れると、平均して月額1万円近く医療費がかかる計算になる。

「もし、ガンが再発するようなことがあったら、手術や入院でお金が一気に減ってしまうでしょ。そうなったら私の預金はあっという間に底をつきますよ。いや、払えるかどうかもわからないんですから」

川西さんは、本当は赤字を出さずに暮らしたいと思っている。しかし医療費を削れないのは、もし、ガンが再発したら、今度こそ「老後破産」が避けられないと心配しているためだった。そのために、食費などを切り詰めて暮らしていても、赤字を補うため、預金が目減りしていく状況があった。

前立腺ガンを患《わずら》い、ガンの摘出手術を受けた川西さんは、手術は成功したものの、その後も経過観察のために通院が必要になっている。再発すれば、今度は治療が難しいためだ。

交通費も節約したい川西さんは、通院には病院が運行しているシャトルバスを利用する。それに乗れば、無料で病院に行くことができるからだ。しかし、そのバスに乗るためには、不自由な足で20分余り歩いて、バス停まで行かなくてはならない。

川西さんは、それでも歩いてバス停まで向かう。その時に役に立つのが、高齢者専用の手押し車だ。歩く時には、乳母車のように押していくと、身体が支えられるため杖《つえ》の代わりになる。さらに、疲れた時には、そこに腰掛けて休むこともできる。川西さんは、その手押し車を押しながら5分ほど歩き、休憩する。そうして休み休み、バス停へ向かうのだ。

「タクシーが利用できればいいんですけどね。贅沢《ぜいたく》なことなので我慢するしかないんです」

タクシーを使えば、片道2千円ほど交通費がかかる。1回の通院で往復4千円。利用すれば身体の負担は減らせるが、預金は瞬《また》く間に目減りしていくことになってしまう。

病院に到着すると、待合室の椅子《いす》にどすんと座りこんだ。肩を上下させ、呼吸が荒い。無料バスを使って節約している分、身体への負担が大きいのが見て取れる。

名前を呼ばれて、診察室に入ると、医師は川西さんに1枚の紙を見せた。

「前回受けてもらった検査の結果が出ました。ガンの再発ですが、今のところ大丈夫そうですね」

医師の診察を受けながら、神妙な表情を浮かべていた川西さんも、その言葉に安堵《あんど》の表情を見せていた。

「今までのところ再発も見られませんし、いつもの注射を打っていきましょうね」

2か月に1度、川西さんが受けているのが高額な注射による治療だった。ガンの再発を防ぐための治療で、手術から3年が経《た》った今も、継続して注射し続けなければならないという。簡単な問診と注射、時間にして10分ほどで診察室を後にした。

しかし、窓口で払う医療費は、この日だけで5千円かかった。

病院を出ると、薬局に立ち寄った。窓口で手渡された薬袋《やくたい》には、10種類以上の薬が2週間分、「どさっ」と入っていた。血圧の薬、胃腸や糖尿病の薬など、1日に10種類ほどの薬を飲んでいる。窓口で支払った薬代は、この日、2千円ほど。診察代と薬代で、1日で7千円を支払ったことになる。

川西さんは後期高齢者医療制度の対象者（75歳以上）で、高額所得者にも該当しないため窓口負担は「1割」だ。現役世代が3割を負担していることに比べれば、負担は少ないが、それでも慢性病などで投薬治療が欠かせない高齢者にとっては重い負担となる。しかも、働く世代と同居しているケースや、自営業などで一定以上の収入がある場合、3割負担を求められることもある。しかも、ガン治療などの最新の治療薬は高額なものが多くなり、1回の治療で求められる負担額は増える一方だ。

病気が悪化すれば、かえって入院や手術などで出費を膨張させてしまうこともあるため、節約できないのが医療費だ。しかし、こうした節約できない医療費を支払うことで、じわじわと預金が減り続け、「老後破産」へと追いつめられていくケースが少なくない。

でも、「老後破産」することで、生活保護を受けられることになれば――皮肉なことに、それまで受けられなかった高額な治療でも――医療費は免除されるため、手術や入院が必要になっても、費用の心配はなくなる。ただし、生活保護を受けられるようになるまでは、高額医療費の還付請求などの手続きによって、一時的に高額な医療費（収入によって違うが、およそ月額4万円以上）を支払った場合に一定額以上は返してもらえる制度はある。

だが、月額1万円程度の費用負担であれば、免除や減額などといった救済制度はない。年金収入で暮らす人にとっては重い負担だが、免れられないのだ。

そうした高齢者の駆け込み寺となっているのが、全国各地にある無料低額診療所だ。年収の分かる税金の書類などを提示すれば、医療費が免除あるいは減額される診療所は、法律に基づいて設置されている。自宅に最寄りの診療所は、全日本民主医療機関連合会（民医連）のホームページなどで確認することができる。


薬局を出た川西さんは、とぼとぼと自宅まで歩いて帰った。家に入るなり居間の畳にぐったりと座り込んだ。通院は、身体にも大きな負担がかかっているが、それでも今の暮らしを守るために欠かすことのできないものだった。

川西さんがいつも座るテレビの前の位置に目をやると、ペットボトルが2本置いてある。

川西さんは、このボトルに水道水を入れて小まめに飲んでいる。健康のためにも「たくさん水を飲んだほうがいい」と聞いて、実践しているのだ。

少しでも元気でいられたら、預金が減っていくのを止められるのではないか――「老後破産」をなるべく遅くしたいという思いが健康を気遣う日々につながっていた。

「家」があっても生活保護は受けられる

「老後破産」を乗り越えるには、親族や知人に頼れない場合、生活保護しかない。預金があれば受けられないが、もうひとつ、壁となるのが自宅などの不動産の所有だ。高齢者の場合、年金収入が少ない人でも、自宅を所有している人が少なくない。そうした場合、自宅を手放したくないという思いが強いために、生活保護を受けることを拒む人も多い。大工をしていた川西さんも例外ではなかった。

「この家も私が建てたんですよ」

30代の頃、自ら棟梁として建てた自宅は、今でも自慢の我が家だ。父親が病気で亡《な》くなった後も、母親と弟と家族3人で暮らしてきた思い出の詰まった家である。

川西さんのように、働いていた時期に苦労して手に入れた自宅に住んでいる高齢者は少なくない。そうした人は、家を資産とみなされ、たとえ収入が少なくても生活保護を受けることはできないケースが多い。多くの場合、家や土地を売却し、そのお金で必要なサービスを利用するように促されることになる。

しかし、この原則は今、少しずつ緩和されてきている。家が古かったり、土地の価格が非常に安かったりする場合には、持ち家に住んでいる状況を維持したままでも生活保護を受けられるようになってきているのだ。この制度の例外を知らないために、我慢している人は多い。

「家を手放したくないから、生活保護を受けられない」

そう思い込んでいる人は、住んでいる自治体の福祉の窓口に相談してみた方がいい。実は、「財産価値が小さい」と認められれば、家を手放さずに生活保護を受けられる可能性もあるのだ。特に医療や介護のサービスが必要であるために、生活保護制度を利用したいという人は、自宅に住んだまま「医療扶助」や「介護扶助」という形で、医療や介護の費用に限って、生活保護を受けられるという制度の利用の仕方を認めている自治体もある。「住み慣れた我が家で死にたい」——多くの高齢者がそう願っている。その願いと生活保護が両立できるように、時代の要請に生活保護制度が運用面で寄り添い始めているのだろう。

川西さんにとっても、家族への愛情と職人としてのプライドをかけて建てた我が家は手放したくない「宝」だ。家のすみずみまで、川西さんのこだわりがある。

「この階段のカーブ分かりますか？　土地が狭くても2階建てを建てるための知恵な

んですよ」

２階に通じる階段は、よく見るとカーブを描いている。まっすぐに階段をつけると急勾配《きゅうこうばい》になりすぎるため、微妙なカーブの曲がり方を計算し、寸分の狂いなく階段を造るには高い技術力が求められるのだ、と川西さんは話した。

「これも先週作ったんです。バリアフリーとか何とかいうやつも自分でやっちゃうんです」

居間と台所の間にある10センチほどの段差をなくすために、木製のスロープを造った。段差で転ばないよう、角材を三角形に加工してスロープにした。車椅子でも楽に移動できるようになっている。角材の表面はヤスリでなめらかに整えられ、プロの仕事を思わせる丁寧な作りのスロープだった。

「こんなものは朝飯前。テーブルでも椅子でも何でも造っちゃうんだから」

自宅の玄関には、のこぎりや金槌《かなづち》などの大工道具が大切に保管されている。体調がいい時、その道具を使って、自慢の腕前を駆使して自宅を改築したり、家具を造ったりしている。川西さんの自宅には、木製の物置台や電話台など手造りの家具がいくつもある。最初の頃は「家具を買うお金を節約するためなのかな」と思っていたが、話を聞いていくにつれ、そうではないことが分かった。元大工だった川西さんにとっては、今でも「何かを造る」ことが何よりの楽しみで、生きがいになっているのだ。

川西さんが大工の修業を始めたのは10代半ば、戦後まもない頃だ。父親のもとで大工修業を始めた頃、生まれ育った東京の下町は東京大空襲で一面焼け野原となった。建物という建物が焼け崩れ、焦土と化した故郷で、川西さんは大工になろうと決心した。その時父親が語った言葉を川西さんは今でも忘れられない。

「これからの日本は家やビルがもっともっと必要になる。大工が必要とされる時代が来るぞ」

日本再建の力になりたい、とゾクゾクした思いが湧《わ》き上がってきた。入門したばかりの頃は、右も左も分からず、叱《しか》られ通しだった。それでも20代半ばの頃になると、基本的な知識や技術を身につけ、〝一人前とはいかなくても最低限の仕事はできる〟ようになっていた。そして30代に入ると、その腕を買われ、徐々に注文も増えていったのだという。

「あの頃は本当によく働きましたよ。次から次に依頼が来るんだから。日本もそういう時代だったんだね」

大工は、家造りのすべての工程を担《にな》うわけではない。左官屋もいれば、建具屋もいる。そうした職人たちに指示を出し、全体をとりまとめるのが大工の棟梁なのだと誇らしげに話してくれた。

大工の棟梁として、仕事に邁進《まいしん》してきた川西さんは、結婚をすることはなかった。

「仕事終わりに仲間と一杯やってね。職人はお酒好きな人が多いからね。あの頃は何だかんだ人に囲まれ、楽しくやっていたな……」

そうして、一面の焼け野原だったところに都市を築き、戦後復興を成し遂げてきた。それが今の高齢者の人たちだ。川西さんも、50年余り、誠実に働き続け、年金を納め、大きな借金をすることもなかった。それでも今、「老後破産」に陥ることを恐れ、不安な毎日を送っている。

一生懸命に働き、一生懸命に生きてきた普通の人たちが報われない――。

それが今の日本の老後の現実なのだ。

「預金ゼロ」へのカウントダウン

川西さんは、すでに預金ゼロになる日を自分で計算し始めている。

「月3万の赤字を預金で埋めれば、5年もすれば底を尽きますよ」

あと5年――そんな先まで川西さんが今と同じようにひとり暮らしが続けられるかどうか、分からない。手術や入院といった大きな出費があれば、「預金は、あと5年はもつ」という計算が大きく狂ってくる。

「あと5年」の意味は、長くても5年でゼロになるということなのだ。

預金がなくなった時、頼れる親族はいない。実は、離れて暮らす弟がいるが、弟自身も高齢で自分の生活を守ることだけで精一杯だ。川西さんも、弟を頼って迷惑をかけたくないと思っている。つまり、手元に残された預金だけが唯一《ゆいいつ》の拠《よ》り所なのだ。

預金がゼロになった時、「生活保護」を受けることができるようになる。しかし、制度を利用するためには、いくつかの条件がある。そのことが川西さんを尻込《しりご》みさせていた。ひとつ、大きな条件として「家」の問題がある。まずは、自宅を売却して、生活費を工面するよう自治体から求められるためだ。

「家を失ってしまうのは、さすがに淋《さび》しいね……」

都内では、持ち家の「財産価値が小さい」と認められれば、自宅を売却しなくても生活保護を受けられるケースが増えている。川西さんの自宅も築50年と老朽化していて、家としての価値は低いと思われる。それでも、「最悪のケース」を想定しているのだろう。川西さんにとって、自分で建てた自宅は、自分の人生そのものだ。その家を失うことを怖《おそ》れていた。

こうした家を持っている高齢者に最近、注目されているのが、生活保護ではなく「リバースモーゲージ」という制度だ。「リバースモーゲージ」制度は、自治体などが自宅を担保にしてお金を貸してくれる。契約が満期になるか、満期になる前に自分が亡くなった場合、その家を売却処分して、借金を返済するものだ。

自治体にとっては、生活保護とは違い、死亡後に回収できることで導入を積極的に進めている。一方、利用者側も、どうせ自宅を処分するのであれば、亡くなった後にしてもらえることで、生きているうちは、住み慣れた我が家に住み続けられることになる。

両者にとってメリットがあるため、都市部の自治体などでは、積極的に導入している。ただし、この制度を利用できるのは、自宅の資産価値が数千万円と高額な人に限られる。老朽化して、自宅の資産価値が安価であれば――住み続けることが認められたとしても――生活保護制度を利用し、保護費を受給して暮らすことになる。

川西さんも「リバースモーゲージ」制度を選択肢のひとつに考えていた。しかし、「リバースモーゲージ」で借りたお金は、毎月、「年金」のような形で振り込まれるが、それも満期になれば、一括返済を迫られる。結局、長生きして借入額の限度額まで達すれば、家は没収され、住まいを失ってしまうことになるのだ。

「私の場合は長生きするもんじゃないよね。長生きすれば預金も底をついてしまうし、その前に死んでしまいたいよ」

預金が底をつく5年以内に死にたいと本音をもらした川西さん。今、分かっている選択肢のどれを選んでも、生きたくないという。この道なら、生きていこうと思える道が、川西さんの前には伸びていない。それでも歩いていかなくてはならないのだ。

医療負担が招く「老後破産」の悪夢

ガンの再発を防ごうと通院治療と投薬を続けている川西さんは、他の「命に関わらない症状」は病院に行かずに我慢している。そのひとつが、足腰の痛みだ。

「この足さえよければもっと外出したいんだけどね、どうも痛くてね。こうして一日中テレビの前に座っていることしかできないんです」

かつては周辺を散歩したり近所の友人たちと食事に出かけたり、社交的で外出する機会が多かった。しかし、足腰の痛みで動けなくなり、外出できなくなっていった。

「3年前に前立腺ガンで入院したでしょ。入院してベッドにずっと寝ていたら、筋力も弱って足腰が思うように動かなくなってしまってね」

高齢者が長期入院で足腰が弱り、歩けなくなるという話は聞いたことがある。しかしその後のリハビリなどを通して日常生活に戻れるよう機能を取り戻していくのが一般的だろう。川西さんもそのために整形外科で診察を受けながらリハビリの指導などを受けていたが、通院を止《や》めてしまった。

最初の頃は自然によくなっていくだろうと考え、節約のために通院を止めた川西さんだが、その後も一向に良くなるどころか悪化する一方だった。しかし、病院へ行くことはなかった。痛みがひどくなっても、命に関わることではないと思っていたからだ。

川西さんを見ていると、居間に座ったまま動こうとしない。食事やトイレの時は足をひきずるようにして移動するが、それ以外の時はただ同じ場所に座ってテレビを見て過ごしている。「動こうとしない」というより、「動けない」のだ。

「病院に行った方がいいんじゃないですか。このままだともっと悪くなってしまうかもしれませんよ」

と勧めても、「うん、まあね」と答えるばかりで、あまり乗り気ではない。

足腰のリハビリは、介護保険サービスによる「デイサービス・通所介護」などで受けることもできるが、川西さんの場合は介護保険で利用できるサービスは上限まで使っているため、保険で受けることはできない。たとえ、保険を利用できても、1割負担は必要になる。そうなれば、やはり今以上に負担が増えることになる。

結局、負担増を避けるためには、足腰の痛みを我慢する以外にない。こうした決断は、珍しいことではない。今、多くの高齢者が「命に関わらなければ、病院には行かない」と当たり前のように口にする時代になっているのだ。

都内にある総合病院で看護師や医療ソーシャルワーカーに話を聞くと、

「そうした人、山のようにいらっしゃいますよ。病気が大したことないと分かると、もう二度と来ないんです」

と言う。例えば頭痛や腹痛などを訴えて病院に来ても、診察の結果、それが脳梗塞《のうこうそく》やガンなど大きな病気が原因ではないと分かると、経過観察のために再来の予約をしても、来なくなってしまうのだという。症状の悪化などが心配される人には病院側から連絡をすることもある。しかし、連絡が取れても、病院に来ない理由を聞いてもはぐらかされるケースが多い。やはり「お金がない」という事情を簡単に打ち明けてはくれないのだ。

「経済的に苦しいから、病院に行けないと話してくれれば、一緒に対応策を考えることもできるんです。しかし、黙って来なくなってしまうお年寄りに話を聞いても『痛みがなくなった』とか『そのうち行く』とか、理由をはぐらかされてしまうので、何もしてあげられないのです」

医療ソーシャルワーカーは、そう対応の難しさを説明してくれた後、経済的に厳しいお年寄りは実感として増えていると話してくれた。

「入院している高齢の患者さんから、『もう大丈夫だから、1日でも早く退院させてくれ』と頼まれることも少なくないんです」

ひとり暮らしの高齢患者は、退院して自宅に戻るのが難しいケースも多いため、医療ソーシャルワーカーが相談員として個別に対応している。そうした高齢の患者は、経済状況が厳しい人ほど「その注射はいりません」「退院を1日でも早くしてほしい」と訴える。節約のために治療を受けず、症状が悪化してから訪れる患者を見ると「もっと早く治療していれば、ひとりでも安心して暮らすことができたのに」と思うケースも少なくないと、看護師やソーシャルワーカーは話してくれた。

節約が招く〝矛盾〟

ガンの治療以外は、節約のために病院を遠ざけてきた川西さんも、ここまで足腰が悪くなるとは思っていなかったはずだ。自分の足で歩いていられたら、介護もその分、必要がなくなる。結果的には負担も少なくて済んだかもしれない。医療費の節約が、症状を悪化させ、かえって介護費用や医療費がかさむ結果を招いているのだ。

その〝矛盾〟を強く感じたのは、夏真っ盛りの8月、川西さんの家を訪ねた時だった。

外では激しい雨が降り続け、その雨が家の屋根のトタンを打つ音が部屋に響いている。川西さんはいつものように居間の畳に座ってテレビを見ていた。テレビ画面では高校野球の夏の甲子園大会の熱戦が繰り広げられている。アルプススタンドの賑《にぎ》やかな声援の中、アナウンサーが「打ったー」と実況している。川西さんはその試合を見ながら、小さな声で「打ったか」「あー、やられたか」と独り言のようにつぶやいていた。

川西さんは、もうテレビ画面の前、居間の定位置からほとんど動けなくなっていた。

歩くことさえ、辛《つら》い状態になっていたのだ。医療を受ける機会を「節約」することで、症状が悪化する、その悪循環から抜けられない川西さんのケースから、どうすれば症状が悪化する前に救うことができるのか、考えさせられた。

川西さんが住んでいる地区の自治体のスタッフから紹介してもらった、もうひとりのケースを取材すると、病院に行こうとしない理由は治療費の問題だけではないことも分かってきた。

川西さん宅から歩いて10分ほどの近所でひとり暮らしをしている山田憲吾さん（仮名・60代後半）のケースだ。山田さんの取材を通して気づかされたのは、医療費だけでなく、様々な負担が重くなるということだった。

現役時代にはタクシーの運転手をしていたという山田さんは、離婚した後、木造アパートでひとり暮らしをするようになった。大柄でがっしりとしている風貌《ふうぼう》からは意外なほど、相手を気遣う優しい人だった。タクシードライバーをしながら厚生年金も積み立てていたため、収入は月額12万円ほどあった。しかし、家賃が４万円かかるため、残りの８万円で公共料金や生活費を賄《まかな》わなければならない。やはり、食べていくだけで精一杯の暮らしだった。

「本当は家賃4万5千円なんですよ。でも共用の階段の掃除をするという条件で5千円安くしてもらっているんです」

山田さんのアパートは、昔ながらの木造アパートだ。共同玄関があり、そこで靴をぬいで階段を上がると各部屋のドアが並んでいる。その廊下や階段を掃除することで、家賃を割引してもらっていると話してくれた。

「たとえ5千円でも、私にとっては大きな額ですからね」

苦笑いしながら山田さんは言った。山田さんの部屋はドアから入ると、3畳ほどのキッチンの奥に6畳ほどの和室の居間がある。トイレはあるが、風呂《ふろ》はなかった。

「銭湯も値上がりして、その料金もばかになりませんからね。2日に1回で我慢しているけど毎月6千円近くかかりますよ」

居間のテーブルの上には、カップラーメンや菓子パンがいくつも置いてあった。

「別に好きで食べているわけじゃないんですよ。お金がない時は1日パン1個なんて日もありますよ」

山田さんも食費を極力抑えていた。収入から家賃を引いた8万円から、さらに公共料金や銭湯代など必要経費を支払うと、手元には3万円ほどしか残らない。

その3万円から医療費を支払っていた。心臓に持病があり、また足腰が慢性の関節痛で整形外科に通う必要がある山田さんは、月にそれぞれ1度、通院が欠かせない。治療費は、まだ60代の山田さんの医療費は「3割」負担のため合計すると5千円近くかかる。高齢者の医療費は75歳以上の後期高齢者では「1割」負担になるが、山田さんのように60代後半の人は現役世代と同じ「3割」負担なのだ。

さらに深刻なのは、視野や視力が次第に低下するという難病を患っていることだった。

専門医の診察が必要な難病であるため、その専門医を探すと、一番近くても埼玉県の所沢まで行かなくてはならないと分かった。

しかし、心臓や足腰に負担がかかるため、ひとりで電車やバスを乗り継いで行くことには不安がある。タクシーを利用すれば、往復で2万円程度かかる。交通費だけで2万円かかれば、途端に赤字に陥ってしまう。そのため、一刻も早く専門医の治療が必要だと思いながらも、病院に行くことさえできずに時間だけが過ぎている状態だった。

「病院に行けるなら行きたいですよ。でも現実は厳しいですからね。これからどうしたらいいんでしょうか」

山田さんは力なくそうつぶやいた。

これ以上、視力が落ちれば、ひとり暮らしも難しくなる。そうなる前に生活保護を受けて病院に行ったほうがいいはずだ。山田さんのように、12万円という年金収入があると、一見、支援の対象になりにくい。山田さん自身も「生活保護を受けたい」と言い出しにくいと思っていた。だが、実際には、ある程度の年金をもらっている人こそ、支援を受けようとしないため、病気が重なれば、「老後破産」に陥ってしまう傾向があるのだ。

言い方を換えると、年金額が極端に少ないなど困窮状況がはっきりとしている人のほうが支援につながりやすい側面がある。生活状況の厳しさも外見的にはっきりしているため、本人が「助けて」と言わなかったとしても、その困窮状況こそが声なき声の「SOS」となって生活保護に結びつくケースは増えている。

しかし、川西さんや山田さんのように、年金収入がある程度ある人は、病気などがきっかけとなって、じわりじわりと「老後破産」に追いつめられていっても、周囲は支援が必要だということに気づきにくい。それこそ、社会保障制度の狭間《はざま》で見過ごされている問題なのではなかろうか。

ひとり暮らしの高齢者の場合、とりわけ「早期発見・早期支援」の必要性が指摘されている。認知症や病気などが悪化する前に支援に結びつけば、孤立死などの最悪のケースを避けられるためだ。福祉サービスに「つながり」を持つことができると、それを機に地域社会などでつながりを再構築しながら、ひとり暮らしでも元気に暮らしていけるかもしれない。こうした外見からは「分かりにくい」、いわば「老後破産」予備軍ともいえる高齢者に周囲がどう気づき、支えていけるのか。

助けを求めようとしない本人の責任として切り捨ててしまうのではなく、支援する側が察知していく仕組みこそが求められているのではないだろうか。それは、私たちが高齢者になった時、おそらく自身を守る制度として機能することになるはずだ。

病気は「老後破産」の入り口

お年寄りの多くが口々に言うのは、

「元気なうちは、何とかなる」

という言葉だ。多少の不便や不自由があっても、身体が動くうちは暮らしていける、ということを多くの人から繰り返し聞いた。しかし、身体が動かなくなると途端に「老後破産」がやってくる。それを思い知らされたのは、ある女性との出会いだった。

都内でも下町の雰囲気が残る大田区の地域包括支援センターを取材していた時のこ

とだ。駅前の商店街を通り抜けると、昔ながらの肉屋や八百屋、魚屋などが軒を連ねている庶民的な風情《ふぜい》の街並みが続いていた。センターを訪れると、看護師の資格を持っている職員が対応してくれた。

「このあたりは、昔、小さな工場がたくさんあったので、そこで職人として働いていた方も多いんですよ。そうした人たちが今、ひとり暮らしをしているというケースもたくさんあるんです」

ひとり暮らしの場合、食生活が偏《かたよ》っていたり、持病の薬もきちんと飲んでいるかどうか分からない人も少なくない。そうした中、病気をきっかけに「老後破産」に陥る人が増えているという。

心臓の病気で治療費がかさみ、「老後破産」に陥りそうな女性を紹介してくれることになった。すでに、ひとり暮らしが難しくなっているものの、生活費に余裕がなく、どう支援していくのか、注意深く経過をみているという。「話だけなら聴かせてくれるかもしれません」ということだったので、取材をお願いすることにした。

紹介されたのは渡辺紀子さん（仮名）という60代後半の女性だった。初めて渡辺さんの家を訪れたのは、暑い日が続いていた昨年（２０１４年）７月、久しぶりに雨が降った日だった。アパートの2階に鉄製階段をコツコツと登っていくと、扉があり、そこが渡辺さんの自宅だった。

玄関先で出迎えてくれた渡辺さんは「どうも」と小声で言ったきり、すぐに家の中に引っ込んでしまった。それにつられるように玄関を入ると2メートルほどの廊下があり、その先に居間があった。

居間に入ろうとすると「靴下濡《ぬ》れてない？」と渡辺さんが厳しく聞いてきた。なぜ、そんなことを聞くのか分からずに答えに窮していると、「だから靴下濡れてない？」と質問を繰り返した。「はい。濡れていません」と答えると、「よし。どうぞ入ってください」と、ようやく部屋に招き入れてくれた。

部屋に入ってはじめて、渡辺さんの質問の意図を理解することができた。畳6畳ほどの部屋には布団《ふとん》が敷かれていた。箪笥《たんす》や段ボールが周囲を埋め尽くしているため、座るスペースは布団の上しかない。そこに濡れた靴下で上がられては困るというのも、もっともだった。

「この部屋狭いでしょ。だからどうしてもここに座ってもらうしかないのよ。それに布団を片付けるといっても、今の私にはできないんです」

渡辺さんは、布団の上で向き合うと申し訳なさそうに言った。玄関から、わずかに

〈渡辺さんの収支〉

●収入（月額）

年金＝０円

●支出（月額）

家賃・医療費・生活費など＝７万円

収支　－７万円

歩いただけなのに「はぁはぁ」と呼吸が荒い。呼吸器系に病気があることは出会ってすぐに分かった。酸素チューブを鼻につけていたからだ。

「これがないと私は生きていけないんです。つけていても呼吸するのが苦しいぐらいですから」。渡辺さんは、2年ほど前に心不全で倒れ、以来、心臓から血液を送る力が弱くなってしまった。「これ見てくださいよ」と言って、差し出された両方の手のひらは、指先が黒ずんでいるのがはっきりと分かる。それは血液が十分に通っていないことを物語る手のひらだった。

暖かい時期より寒い冬の方が症状はいっそうひどくなるという。手の血流をよくするために、家にいる時はいつも手を揉《も》んでいるのよ、と言いながら、話している最中もずっと手を揉んでいる。

渡辺さんは、60歳を過ぎてもホテルの清掃員の仕事を続けてきたが、心不全で倒れたことで退職した。退職後、会社が年金手続きを怠り、払っていなかったことを知ったものの、どうしようもなかった。年金がもらえない、いわゆる「無年金」の渡辺さんは、預金だけが頼りだった。しかし、倒れた時に治療費の支払いで使ってしまい、残り300万円ほどだ。家賃だけで4万円、それに加えて生活費や医療費の支払いを考えると、預金が底を尽く日は近いと不安を感じていた。

「一番困るのが病院に行く時のタクシー代なんですよ。病院に行かないわけにはいかないし、かといって電車やバスで行くのは無理なんです」

少し身体を動かして歩いただけで呼吸困難に陥る渡辺さんが、酸素吸入器をつけたまま電車やバスで通院することは不可能だ。酸素吸入器を外出用のキャリーバッグに入れると、5、6キロはあるだろうか、ずしりと手に重みがのしかかってくる。それを運ぶことなど、到底不可能なことだった。

タクシーを使って通院していても、アパートの階段を下りるだけで命がけだ。重たいキャリーバッグを持って15段ある階段を下りていかなければタクシーに乗ることさえできない。もし転落するようなことがあれば、骨折だけではすまないだろう。さらに診察を終えた後、今度は階段を上がることも心臓には大きな負担となる。

タクシー代は往復4千円ほどだ。残り300万円の預金で暮らす渡辺さんにとって、この出費は「悲鳴をあげたいほど辛い」という。

アパート代を節約したい、と引っ越し先を探している渡辺さんは都営団地の募集のチラシを見せてくれた。しかし、都営団地は都内各地に点在していて、空きが出てもこれ以上病院から遠くなると引っ越しは難しい。1階の部屋で条件がよさそうなところは、民間の賃貸住宅では安いところでも5万円以上かかる。

「5万円は無理です。今の4万円でもきついんですから。やはりどこにも行けないんですね……」

階段を上らなくてもいい部屋へ引っ越したいという渡辺さんの願いは、かないそうにもなかった。

老後の「住まい」の選択肢

高齢者の住まいは、老後の過ごし方に応じて多様化している。例えば、国が整備を進めている「サービス付き高齢者向け住宅」は、渡辺さんのように自宅でのひとり暮らしが難しくなった人にも安心して入居してもらえる高齢者専用の賃貸住宅だ。

費用を払えば食事も運んでもらえるし、管理人が24時間常駐し、見守りもしてもらえるため、入居希望者は増え続けている。しかし、特別養護老人ホームのように医師や看護師、ヘルパーが常駐して、医療も介護も安心して受けられる施設とは違う。また、特別養護老人ホームは、高齢者の収入に応じて費用負担が決められているため、年金収入が少ない人でも安心して利用することができるが、サービス付き高齢者向け住宅は民間の賃貸住宅で、費用は医療や介護が必要になればなるほど高くなる。そうしたサービスを増やせば料金が上がるため、収入の少ない高齢者は入居することが難しい。

さらに、有料老人ホームも建設が相次いでいる。

こうした有料老人ホームは、「介護付き」を謳《うた》い文句にしてはいるが、元気な高齢者向けのメニューを充実させているところが多い。資産や収入のある高齢者をターゲットにしている施設の中には、プール付き、露天風呂付きなどといった付属の施設が当たり前になっている。食事も、洋食や和食から選べるようになっているなど、元気なうちに快適な老後を過ごしたい人たち向けのサービスを充実させているのだ。施設によっては、入居一時金が数千万円必要だというところもあり、その上で月額20万円を上回る利用料が必要となる。自宅を持っている人であれば、それを売却して入居するという選択肢もあるが、いずれにしても現金や資産がなければ難しいだろう。

ひとり暮らしで年金収入が十分ではない低所得高齢者が急増していることを受けて、国も特別養護老人ホームを増設しているが、人数の増加に追いつかず待機希望者は50万人を超える状況が続いている。特に施設の受け皿不足が深刻な都市部の自治体では、比較的安価な介護施設（軽費老人ホーム、ケアハウスなど）を増やしているが、そこにも希望者があふれかえっている状況だ。

公的な受け皿が不足しているからこそ、民間の「サービス付き高齢者向け住宅」や「有料老人ホーム」が増えてきているのだが、所詮《しょせん》、収入のない人には手の届かない選択肢だ。つまり、低所得高齢者向けの住宅施策は、現状に追いついていないのである。

無年金の渡辺さんの場合も、預金を取り崩しながらの暮らしを維持している現状では「住まい」の選択肢はほとんどないだろう。

さらに、今のアパートで暮らし続けたとしても、安価な都営団地へ引っ越したとしても、いずれ預金はなくなり、「老後破産」に陥る。そうなれば生活保護を受けて、ケースワーカーが斡旋《あっせん》する先に移り住まなくてはならない。結局、生活保護で住むことのできる住宅にも賃貸料に上限があるため、自分の意思にかかわらず、「住まい」が決まってしまうことになるのだ。

ひとり暮らしの高齢者の自宅でよく見かける黒いポケットラジオ。渡辺さんのアパートにも、部屋の壁にいつもかかっている。テレビがない渡辺さんは、ラジオだけがニュースや情報に接する唯一のツールだ。両親は亡くなり、親戚《しんせき》とも関係が絶たれてしまっている。友人といえる人もほとんどなく、この家を訪れるのは、時々やってくるヘルパーぐらいだ。そのラジオが、社会を知ることのできる窓なのだ。

「もともとテレビはあまり見なくて、ラジオが好きだったの。ほら、年季が入っているでしょ」

何十年も前に買ったラジオは、最近、故障してしまった。しかし、ＡＭの１局しか電波が入らなくなってしまった愛用のラジオを買い換えることもできない。

「ポケットラジオぐらい買えばって思うでしょ。でも、今の私にはそれさえもできないほどきつくてね……」

「老後の沙汰《さた》もカネ次第」とでも言える現実――。

お金があれば、ラジオを買い替えることはもちろんだが、介護サービスも十分に受けられる、住まいも選べる、といった様々なサービスを通じて社会との「つながり」も持つことができる。しかし、「お金がない」ことで、サービスが受けられず、情報から取り残され、それが孤立につながってしまうのだ。

年金で暮らせる公営住宅の不足

心臓病を抱えながら、アパートの階段を命がけで上り下りしていた渡辺さんは、病気でも安心して暮らせる住まいを探し続けていた。

「都営団地を申し込んでみようと思います。今度、相談会に行くんですよ」

渡辺さんが見せてくれた相談会のチラシには、区民センターで都営団地の入居希望者を対象に説明会があると書かれていた。

数日後。相談会の朝、9時過ぎには渡辺さんのアパートを訪ねた。

「歩いて行くんですけど、私の場合は時間がかかるから1時間前には来て下さい」

と、前日から念を押されていたためだ。区民センターは駅の近くにあり、渡辺さんの自宅から普通に歩くと10分程度のところだが、その倍はかかるのではないかと考えていた。その日の渡辺さんは、化粧もしていて、服装もよそ行きでお洒落《しゃれ》をしている。

いよいよ出発という時、表情は緊張感に包まれていた。まず玄関先まで酸素吸入器の入ったキャリーバッグを引きずっていってから、急勾配の階段を降りなければならない。しかも、この日は小雨が降り続き、階段が濡れていた。鉄製の階段はツルツルと滑って、元気な若者でも足を踏み外すほどの状態だった。取材スタッフは、先に階段を降りると、万が一渡辺さんが転落しても下で受けとめられるようにした。

「どうぞ、降りて来て下さい」

合図をきっかけに、渡辺さんはキャリーバッグを1段ずつ降ろすと、自分の身体《からだ》も1段降りるという風に、ゆっくりと慎重に階段を降りていった。途中で止まると、呼吸を落ち着かせようと深呼吸している。1分ほど休んだ後、意を決したように再び階段を降り始めた。ようやく地上に降り立った渡辺さんは、「はぁはぁ」と呼吸が乱れていた。それでも休むことなく、キャリーバッグを引いて歩き始めた。

「元気だった頃は、このあたりを毎日歩いて買い物に行っていたんですよ、それが今はこんな状態ですよ」

10分ほど歩くと、歩道沿いのバス停の看板の前で渡辺さんは突然、立ち止まった。

バスに乗りたいのかな、と思ったが、そうではなかった。

呼吸は「ぜぇぜぇ」と先ほどよりも荒くなり、動ける状態ではなかったのだ。

「大丈夫ですか」

と話しかけても、言葉を返せないほど辛いらしく、ただ無言で空中を見つめている。

数分経っただろうか、

「すいません。迷惑をかけて」

と、申し訳なさそうに言った。再び歩き出すと、駅が近くなったせいか、人通りが多くなってきた。商店街の人混みをかいくぐって歩いた先に、ようやく目的地の区民センターが見えてくる。やはり通常の倍以上の時間がかかっている。それでも間に合ったため、始まる時間までベンチでゆっくり休憩することができた。

相談会が始まると、都営団地の入居方法や条件などが説明され、その間、渡辺さんは時々メモをとりながら真剣な表情で聞きいっていた。いや、渡辺さんだけではない、他の誰もが真剣そのものだ。

都営団地の場合、所得に応じて家賃が設定されていて、年金収入が少ない高齢者などは1万円程度で住むこともできる。家賃が安ければ、その分、食費など他の支出を増やすことができるため、高齢者の入居希望者は急増している。渡辺さんも、そうしたひとりだ。少しでも家賃の安い都営団地に一刻も早く移り住みたいと思っている。都営団地の募集が行われるのは、数か月後だ。会場を後にする時、わずかでも希望を持てたからなのか、渡辺さんの表情は穏やかだった。

「一生懸命に生きてきた結果が……」

渡辺さんは、結婚はせず、数年前、60歳過ぎまでホテルの仕事を35年間続けてきた。

「こう見えても、昔は友だちも多かったんですよ。はっきり物を言うタイプだから上司とかとやりあったこともあったしね……」

渡辺さんが働いていたのは、都内の小さなビジネスホテルだった。主な仕事は清掃。人手が少なかったため、フロントや事務の仕事もかけ持ちでこなしてきた。

「部屋の掃除やシーツ交換。よくホテルに泊まると、廊下ですれ違うおばさんいるでしょ。あの仕事していたんですよ」

仕事は体力的に厳しいものだった。夜勤の数時間後、早朝からの勤務だったことも少なくない。そんな時は従業員専用の仮眠室で数時間休んでから、再び仕事に戻るという状況だったという。

とにかく生きていくことに必死で、気がつくと結婚せずに年を重ねてきた渡辺さんは、ある時、自分ひとりで生きていかなくてはならないと覚悟を決めた。仕事にも決して手を抜かずに突っ走ってきたところ、心不全の発作で倒れたのだ。

「もしかしたら今の病気も、あの時の無理がたたっているのかもしれないですね……」

過労が原因かどうか分からないが、心不全で倒れた後、会社には一方的に解雇を言い渡された。

「あれだけ会社に尽くしてきたのに……。こんなに簡単に切り捨てるなんて、悔しくて悔しくて」

目にたまっていた大粒の涙があふれ、後から、後から頬をつたう。

退職金もなく、渡辺さんはコツコツと貯《た》めてきた数百万円の預金で医療費やその後の生活費を支払わざるを得なかった。さらに、会社が年金手続きを怠っていたため、渡辺さんは無年金になったのだ。35年間、働いてきた会社にだまされ続けてきたのだ。

渡辺さんは、働いてまもない頃、年金に関して会社に問い合わせたことがある。会社が年金を積み立てているのか、将来、年金をもらうことができるのか不安だったからだ。会社は「大丈夫、しっかりやっているから安心して下さい」と答えたため、安心してしまったのだという。

そして今、渡辺さんの手元には残額３００万円ほどの預金がある。そのため、今は生活保護に頼らずに、刻一刻と預金が底をつく恐怖と戦っている。しかし、預金が底をつけば、生活保護を受けることになり、医療や介護は安心して受けられることになる。言い方を換えると、生活保護を受けずに自分の力で生きていきたいと頑張っている高齢者たちには、安心した老後は手に入らないのだ。

生活保護を受けることになる、そのずっと手前で困窮している高齢者に手を差し伸べることができたなら――救われる人たちは大勢いるはずだ。そうした人たちが救われる社会が実現できる道筋が見えれば、「老いていく恐怖」や「老いていく罪悪感」が少しは和らぐかもしれないと思える。

ＳＯＳを発しないひとり暮らしの高齢者

国は、施設ではなく老後は住み慣れた自宅で療養し、在宅医療や在宅介護を拡充していく方針を掲げている。そのため、慢性病があったり、身体に不調があったりしても、在宅療養する人は増え続けている。しかし、ひとり暮らしをしていると、周囲の目は行き届きにくいため、症状が悪化しても気付かない人、或《あ》るいは気付いていても経済的な理由で病院に行かないという人も少なくない。重症化してから病院に担《かつ》ぎ込まれるケースが相次いでいる。

けたたましいサイレンを鳴らしながら、赤色灯をつけた救急車が入り込んでくる。

東京・品川区にある昭和大学病院の救命救急センターには、心肺停止で意識不明の患者など、重篤《じゅうとく》な救急患者が24時間、運び込まれてくる。救命センターの待合室で待っていると、センター長の三宅康史医師が忙しそうに新聞記事を持ってやってきた。

記事は熱中症で倒れる高齢者が急増しているという内容だった。打合せ室に入ると、その記事を示しながら、高齢者にとって熱中症がいかに怖い病気かを話し始めた。ちょうど8月の真夏日が続いた頃で、熱中症で運び込まれる高齢者が後を絶たない時期だった。熱中症についての話が一段落したところで、「老後破産」のテーマについて取材をしたいと切り出した。すると三宅医師は、大きくうなずいた。

「その問題も、事態がどんどん深刻化していますよ」

救命センターに運び込まれる高齢患者の中には「重症化するまで医療にかからずにいた人」が少なくないという。年金で暮らしている人が多く、病院に運び込まれた時には、手の施しようがないほど重症化している人も増えている。さらに最悪のケースとしては、救命措置が間に合わずに命を落としてしまう人もいるのだという。

もっと早く治療につながっていれば、症状の悪化をくい止められたと思われるケースもあり、「老後破産」が深刻な状況を及ぼしていることが窺《うかが》えた。

さらに、仮に一命をとりとめたとしても、治療費や入院費が払えない高齢者も増えていて、病院のソーシャルワーカーは、自治体と連携しながら、生活保護の手続きなど、従来にはなかった業務にまで対応しなければならなくなっているという。

もっとも対応が難しいのが、「氏名不詳」の患者だ。突然、発作などで倒れ、意識がない状態で運び込まれてきた患者の場合、ひとり暮らしで身分証を持っていなければ本人確認ができない。「老後破産」寸前でお金に困っている人ほど、医療や介護も我慢しているため、どこにも「つながり」がない。名前が分からなければ、家族がいるのかどうかも確認できず、資産があるのかどうかも調べようがない。つまり生活保護を受けてもらうこともできないのだ。

救命救急の現場でも深刻化している「老後破産」に追いつめられた患者の急増――何が起きているのか、密着取材することにした。

朝9時、昭和大学病院の救命救急センターでは、スタッフを集めてミーティングが始まった。壁には、救急搬送された重症の入院患者について、何か異変があればすぐに分かるように大きなモニターに患者全員の心電図が映し出されている。その横のモニターには、ひとりひとりの体調や施した処置、薬の量などが映し出され、医師や看護師、薬剤師などが今後の方針を話し合っている。

「もう少し薬の量を減らそう」

「○○の処置も追加してみよう」

救急車で運び込まれた重症の患者は、数日から数週間、センターで治療を受けた後、容態が安定すると一般病棟に移り、順調に回復したら退院して自宅へ帰ることができる。

「現場を見てみますか？」

ミーティングが終わると、センター長の三宅医師は、まず処置室へと案内してくれた。そこは救急車から直接、患者が運び込まれるところで、手術台のようなベッドが2台置かれていた。

「ここに、救急車のストレッチャーが入ってくるんです。ここでまずは救命措置が行われます」

そのあと運ばれる部屋に向かうと、入り口に自動扉があった。大規模な救命治療専用の部屋だ。ベッドが10床以上あるだろうか、一時も目の離せない患者ばかりだ。高齢者が目立って多く、人工呼吸器をつけている患者も少なくない。三宅医師は高齢の男性患者の前で立ち止まった。

「この方は東北にお住まいの方なんですけど、友人と東京に遊びに来られていた時に倒れられてね。友人がいたからすぐに救急搬送されて助かりました。おかげで身元もはっきりと分かるし、よかったですよ」

その男性は70代ぐらいだろうか。ひとり暮らしで、年金は月額10万円に満たないため、治療費の支払いについて不安があるケースだった。親族とはほとんど疎遠《そえん》で、何かあれば身元引受人には、その友人がなるのだという。

「こうした例は今では珍しいことではありません。正直、私たちが命を救ったとしても患者を誰も引き受けてくれる人がいない場合……」

三宅医師は、そこで息をのんだ。言葉を選んでいるのか、少し間があった後、再び口を開いた。

「命を助けたとしても、本当にその人のためになるのか、悩むことも少なくないんです」

救命救急の現場では、どんな事情があるにせよ、命を救うことが最優先の課題だ。だからこそ、目の前の患者の命を救おうと必死になる。

しかし、治療で命をとりとめた患者を見て、迷うことがある。ひとりの医師として、ひとりの人間として「生かしてしまったことが、この人にとって本当に幸せなのか」分からなくなるというのだ。

家族や友人がいれば今後の治療の方針を話し合い、延命するという選択肢もあるだろう。そして、命を救えば、生きていることを喜んでくれるだろう。しかし、家族も友人もなく、身元引受人になってくれる人もいない——命が救われても、帰る場所がない——そうした患者が意識も戻らないまま、呼吸器でようやく命をつなぎとめている姿を見ると、助けて良かったのか分からなくなることもあるというのだ。

「お金がある人であれば、身元保証人を代行する企業と契約することもできるでしょう。いや、そもそもお金がある人には、親族も見つかりやすいものですがね」

三宅医師は、財産がある人は、相続する権利のある親族が名乗り出ることも多いと、淋《さび》しそうに言った。

「老後破産」で餓死寸前に陥った患者

救命救急センターで密着取材をしていたある日、驚く現場を目にした。ホットライン電話を受けた医師の表情に緊張が走る。

「今、70代の男性が運ばれてきます。詳しい容態は分かりませんが、相当衰弱しているみたいです」

　数人の医師や看護師らが走って処置室へ入り、受け入れの準備に追われていた。まもなく「ピーポーピーポー」とサイレンの音が聞こえてきた。医師らは処置室の扉を大きく開け、いつでもストレッチャーがそのまま入ってこられるように準備している。そして救急車の後部ドアが開くと、ストレッチャーが運び込まれた。

　その上には、まるで骨と皮しかないのではないかと思われるほどやせ細った高齢の男性患者が横たえられていた。皮膚は、茶色く変色している。医師たちは、しきりに皮膚を洗浄しながら、点滴などの処置を施している。

「恐らくお風呂にも長く入ってなかったんでしょう。そのため処置をする際、ばい菌が入ると危険なので、身体の洗浄をしていたんですよ」

　担当の医師がそう教えてくれたのは、治療が終わって控え室に戻ってからのことだった。病因については詳しい検査をしてみないと分からないとのことだったが、やはり栄養失調の症状が現れているということだった。搬送した救急隊員は、家はゴミ屋敷のような状態だったと報告していた。部屋には、異臭が充満していたという。後日、もう少し詳しい話を聞くことができた。

男性はひとり暮らしではなく、姉弟と一緒に同居していた。1階で姉と弟が2人で暮らし、2階にこの男性が暮らしていた。普段はお互いの生活を干渉することもなかったという。男性の部屋がゴミだらけになっていても、お風呂に入った様子がなくても、放っておいたのだろう。この日は、男性が極度に衰弱していて、その異変に姉が気づき緊急通報したのだという。

この男性患者に限らず、たとえ家族と同居していても、会話することさえない、〝実質独居〟の高齢者が増えている。病気になっても、放っておかれるのだ。

さらに深刻なケースになると、病気を患《わずら》った家族に対して暴力を振るったり、意図的に食事をさせないなどの虐待《ぎゃくたい》をするケースも増えてきている。家族がいれば安心できるという先入観から見過ごされやすく、家族が他人の介入を拒むため、かえって解決が難しいこともある。収入に余裕がないからこそ、身を寄せ合って兄弟一緒に暮らしてきたはずだが……。「老後破産」は、家族の関係まで壊してしまうのかもしれない。

三宅医師は、重症化するまで我慢せずに、一刻も早く助けを求めて欲しいと訴えている。

「年金だけで暮らす高齢者など、生活に余裕がないため、病院に行こうとしない、行けないという人が増えています。でも、生活保護を受けられるようにするなど、病院側としてもあらゆる協力はしていくので、どんなことがあっても医療だけは受けて欲しい。生きることをあきらめない社会であってほしい」

「老後破産」に追いつめられた高齢者が、医療を遠ざける選択をしてしまう――その現実を目の当たりにしてきた現場の医師だからこその心の叫びだ。

病院から施設へ続く「漂流」

重症化するまで病院にかかろうとせず、救急搬送され、瀬戸際《せとぎわ》で命をとりとめる――武田敏男さん（仮名・70代）も「老後破産」に追いつめられ、そんな体験をした男性だ。

武田さんが救急車で運ばれたのは、横浜市の住宅街にある汐田《うしおだ》総合病院。年金暮らしのお年寄りが多い地域で、病院の患者も高齢者が半数を占める。病院には同じ系列の老人保健施設が併設されていて、治療を終えた後にリハビリなどをしながら療養できる。武田さんはその施設に入所していた。

汐田病院を取材するきっかけとなったのは、低所得者向けに「無料低額診療」事業を展開している全日本民主医療機関連合会（民医連）に事業のことを教えて欲しいと連絡したことが始まりだった。民医連には全国に加盟する病院などの事業所が１８０近くあり、各県で数か所、「無料低額診療」を行っている。

無料低額診療は、前述のように高齢者などの低所得者に対して、医療機関が無料（または収入に応じて低額な料金）で診療を行う事業で、法律で定められている。その事業についての取材をお願いしたところ、汐田総合病院を紹介してもらったのだった。病院の医療ソーシャルワーカーに話を聞くと、お金に困っている患者が増えており、手術費や入院費が払えないといった相談をよく受けるという。

「今も退院した後、行き場がなくて困っているお年寄りがいるんです」

病院に併設されている老人保健施設へと案内された。そこで出会ったのが、武田さんだ。食堂の椅子《いす》に座ってテレビを見ていた男性の元に歩み寄ると、ソーシャルワーカーは「武田敏男さんです」と紹介してくれた。

「話を聞かせてもらえませんか」

と頼むと、言葉なくうなずき、傍に置いてある歩行器に手を伸ばして、立ち上がった。歩行器がなければ歩くことができない武田さんは、要介護４と認定されていた。

〈武田さんの収支〉

●収入（月額）

厚生年金＝12万円

●支出（月額）

家賃＝3万5千円　光熱費などの公共料金＝1万円

医療費＝1万5千円　税金・保険料＝5千円

食費など生活費＝5万5千円

※入院費などの臨時の出費は含まず

残高　0円

「武田さんは、半年近く前かな、病院に運ばれてきて、そのまま入院しましてね。退院した後、こちらの施設に移って休力を回復している段階なんですよ」

付き添ってきた施設の担当者が教えてくれた。武田さんは、高血圧、糖尿病などいくつもの病気を抱えていた。昨年1年間で、5回も入退院を繰り返している。

せっかく入院して治療を受けても、退院後にひとり暮らしをしていて不摂生をするから、すぐに容態が悪化するのだと担当者は話してくれた。年金暮らしで経済的にも余裕がないことが原因だった。

かつて会社員だった武田さんは厚生年金をもらっており、年金収入は月額12万円ほどある。しかし、家賃3万5千円を払うと、

9万円弱しか手元に残らない。糖尿病などの慢性病を患っているため医療費が高く、毎月1万5千円ほどかかる。入院費用などの支払いがあると、食べ物を買うお金にさえ困り、水だけでしのぐ時もあったという。今回、運ばれてきた時には、やせ細り、会話することもできないほど衰弱しきっていた。

「頭が痛いと思ったって、金がないからさ、病院に行けないんですよ。食べ物も買わないといけない、光熱費も払わないといけない。そうすれば、ただ痛みを我慢するしかないんですよ」

武田さんは申し訳なさそうに小さな声で話した。武田さんにとって、ひとり暮らしで不安があったのが炊事などの食事の準備だ。要介護4であれば、介護保険を利用できるはずだ。しかし、武田さんはそれができなかった。介護保険の保険料は、利用者である高齢者自身も毎月4千～5千円ほど（低所得者には軽減措置がある）払わなければならない。しかし、生活が苦しかった武田さんは保険料を一時期、払わずに滞納していた。こうして滞納すると、本来は「1割」負担で済むところが、ペナルティとして「3割」負担となってしまう。そうなると、武田さんには到底、払うことができないため、利用できなかったのだ。

介護保険の保険料は、お金に困っている人ほど滞納してしまい、その結果、介護保険のサービスが利用できずに、体調などを悪化させてしまうという悪循環に陥ってしまう高齢者も少なくないのだ。

「情けない話なんだけど、介護保険料も払えなかったんですよ」

武田さんは、がっくりとうなだれた。糖尿病や高血圧、心臓にも不安があった武田さんは、体調が優れないにもかかわらず、食事はカップ麺《めん》や菓子パンだった。最後には、そうした食べ物も買えなくなり、救急搬送されたのだ。

豊かになった現代でも、ニュースなどで餓死の悲報を耳にする。武田さんもその可能性があったのではないかと思うと、助かったことは本当に幸運なことだと思う。しかし、それはニュースで見聞する他人事《ひとごと》ではない。武田さんは、ごく普通のサラリーマンだった。ごく当たり前の人生を歩んできて、今、「老後破産」に追いつめられているのだ。

武田さんは、北海道の出身で、高校を卒業した後、数年間だけ自衛隊に入隊し、その後は大手のパン会社で働いてきた。今、受け取っている年金は自衛隊とパン会社に勤務していた時のものだ。パン会社では、製造工場のラインで働いていた。だから、今でもパンが何よりの大好物だ。老人保健施設に入っているためにパンを買いに行けなくなったことが寂しいと訴える武田さんに、どんなパンが食べたいのか聞いてみた。

「あんパン」

武田さんには、施設にお見舞いに来てくれる人もいなかった。

救急車で運ばれる前、武田さんは横浜市内のアパートでひとり暮らしをしていた。まだ働いている頃、離婚を機に妻や子どもとは一切の連絡を取らなくなった。仕事をリタイアした後は、親しく付き合う友人もなく、ひとりきりで暮らしてきたのだという。

あんパンを食べたい、と上目遣いで言った武田さん。コンビニで売っている１００円ぐらいのあんパンがいい、と言う。

あんパンを買ってきてと、頼む人もいなかったのだと知ると、その寂しさが沁《し》みてきた。

数日後、コンビニであんパンを買ってから、施設へ向かった。中央の食堂でテレビを見ていた武田さんに、あんパンの袋を差し出した。

「ありがとうございます」

この時、武田さんの笑顔を初めて見た。武田さんは「大切に食べたいから、後で部屋でいただきます」といって、袋を開こうとはしなかった。ただ嬉しそうに袋を持っていた。

武田さんは本心では、施設を出て自宅に戻りたいと願っていた。横浜市内にある、家賃3万5千円のアパートだ。しかし、医師や老人保健施設の担当者は家へ戻ることは難しいと判断していた。そのひとつが、初期の認知症の症状が現れ始めたことだった。

金銭の管理が難しくなり、年金を計画的に使うということができなくなりつつあった。しかし、老人保健施設は、リハビリなどが終われば退所しなければならない。長期滞在できる施設ではないのだ。家へ戻れず、施設も出なければならない武田さんは行き場探しをしなければならないが、行き先がなかなか見つからない。

問題は、費用だ。民間の有料老人ホームを探してみても、すぐに空きが見つかる施設は月額15万円程度は必要なのだという。年金収入が12万円の武田さんには、払える金額ではない。

「生活保護を申請して、足りない部分を補うしかないかもしれません」

施設の担当者は、月額12万に、数万円分の生活保護費を上乗せして、入れるところを探し始めていた。ひとり暮らしの高齢者の年金収入を分析すると、月額10万円以下の人が300万人、およそ半数近くに上る。武田さんが受け取っている月額12万円という額は、それを上回っている。もちろん、年金収入がわずかでも、預貯金に余裕がある人もいるかもしれない。しかし、年金収入だけで入所できる公的な施設が不足していることが、結果的に生活保護の受給者を増やしているのではないかと思わずにいられなかった。

武田さんは、施設の職員たちが自治体と掛け合った結果、生活保護を受ける手続きを始めた。それから2か月後、老人保健施設の担当者から連絡が入った。

「武田さんは、無事、生活保護を受けられることになり、新たな有料老人ホームも決まりました。本人も喜んでいますし、快適そうに過ごしています」

汐田総合病院や老人保健施設の担当者は、今日も武田さんのように行き場に困る高齢者のために東奔西走している。武田さんは「老後の住まいに困るなんて、思ってもみなかった」という。しかし、病気やケガなどをきっかけに「老後破産」に陥ると、明日の居場所を求めて「漂流」しなければならない時代なのだ。

第4章 地方では見えにくい「老後破産」

貧乏人は死ねってことなんだべ。

「豊かな田舎暮らし」は本当か？

「老後破産」は、都会のひとり暮らしの高齢者に広がっている現象だと思われがちだ。しかし、地方でも都市部と同じように独居高齢者が増えているというデータがある。さらに、地方はひとり当たりの年金の収入額が都市部を大きく下回るため、「老後破産」の現実は同じように深刻に広がっていると推測できる。それでも見えにくいのは、農家が多く、自然も豊かな農村ではお金がなくても自給自足で食べていける環境があるためだ。

しかし、農業の経営が厳しさを増している中で、地方でも「老後破産」の現実は水面下で広がっていた。

生活困窮者の支援を行っている「全国生活と健康を守る会連合会」の秋田県連合会を取材すると、農村地域で深刻化する「老後破産」の実態をつぶさに語ってくれた。

「東京とは違います。今、農家は農業だけでは食べていけません。農業をやめた後も年金だけでは暮らしていけず、みんな大変な思いをしています」

米価や野菜の価格は安価な外国産に引きずられるように下落し続け、逆に農耕機械の燃料費や肥料代などは値上がりし続けている。そのため、作れば作るほど赤字なのだ。

「現場を見てください」

そう詰め寄られ、秋田の内陸部にある農村を訪ねたのは、2014年の夏、7月の終わりだった。車窓からは青々とした水田が広がり、遠くには濃い緑色をした山々が連なる。その田園風景の美しさに目を奪われた。

「夏は確かにいいです。でも冬は大変ですよ。このあたりは3メートルも5メートルも雪が積もるんだから」

案内してくれた担当者は、そう話してくれた。秋田県の内陸部は、豪雪地帯で冬の寒さはとても厳しい。ストーブなどの燃料代だけで月3万〜4万円かかるということは普通にあるし、ひとり暮らしの高齢者の中には、雪下ろしを業者や知り合いに依頼する人もいるが、それも1回に数万円ほどの費用がかかる。そんな豪雪地帯は、米作り農家が多い「あきたこまち」の里としても知られている。

見事な田んぼを見ていると、この豊かな景色の中で「老後破産」が広がっているということが信じられない思いにもなる。しかし、現実はとても厳しいものだった。

農村に広がる「老後破産」

80歳を超えてなお、農家を続けている吉田勝さん（仮名）は、2階建ての一軒家にひとりで暮らしている。大きな梁《はり》のある立派な家だったが、吉田さんは「この家は冬の間に住むだけの家だ」という。

農閑期は山裾《やますそ》に下りてきて、春になると山の上にある家に移り、畑の近くで暮らすのだと話してくれた。その山の頂上付近には、かつて祖父の代が開拓した畑が広がっている。夏はそこで大根やイチゴなどを栽培している。

「農作物の単価は下がり続ける一方だし、肥料代などを考えると赤字が続いているよ」

吉田さんは、赤字が出ていることを分かっていながらも農業を辞められないという。畑仕事が好きだからだ。それで、年金で赤字を補塡《ほてん》しながら農業を続けていた。

吉田さんの収入は月額6万円余りの国民年金で、農業の赤字を埋めながら暮らしている。心臓に持病もあるため、周囲は畑仕事をやめて生活保護を受給するよう、心配して声をかけていたが、吉田さん自身、10代の頃から続けてきた農業は生きがいでもあり、止《や》められなかったのだ。

「今は頼れる人がいません。妻は、介護施設にいるんです」

子どもが独立した後、吉田さんは妻と2人で支え合いながら暮らしてきた。しかし、妻は数年前に体調を崩し、認知症の症状も悪化していた。吉田さんひとりで介護をしながら在宅生活を維持していくことが難しくなり、特別養護老人ホームに入所させた。

妻に会うために、吉田さんは今も週に1度、施設に通っている。しかし、経済的には生活が厳しくなった。妻の国民年金は老人ホームの費用を払うと残らず、医療費がかさめば、吉田さん自身の農業収入や年金収入から支払わなければならないため、大きな負担となった。

「ずっと連れ添ってきた妻です。経済的に大変でも何とかしなくちゃ、かわいそうですよ」

吉田さんは、自分の食費を削り、施設にいる妻を支えている。妻を思う気持ちが痛いほど伝わってきたが、このままでは吉田さんが先に倒れてしまうのではないか、と心配になるほどだった。

後日、山の頂上にあるという畑に車で案内してもらった。幹線道路から山道に入っていくと、車1台がようやく通れるくらいの細い道路が続いている。右へ左へ、山の中を蛇行しながら進むと、林の中に廃墟《はいきょ》となった建物が見えてきた。かつては集落だった場所が、廃村になっていた。

「あの建物はかつて旅館だったんだよ」

秋田県の内陸部には、人里離れた山中に〝秘湯〟と呼ばれる温泉がいくつもあり、バブルの頃には旅館に都会からの客足が絶えなかった。しかし、そうした温泉旅館は廃墟となり、お化け屋敷のように朽ち果てた骨組みがむき出しになっている。山頂が近づくと、急に視界が開けた。一面に畑が広がっている。

「この畑では、大根やイチゴを作っているんだ」

広々とした畑の周囲には、家が点在している。この集落では、吉田さんと同じように夏場、農作業をする時期だけ、山頂の家で過ごしている。かつては数十軒あった集落は、残り5家族になったと寂しそうに話してくれた。戦後まもない頃、先祖たちが山を切り開いて広大な農地を開拓した。その多くが満州からの引き揚げ者であったり、戦地から帰ってきても住むところがない農家の次男・三男たちだった。

食べることも満足にできない時代に、苦労して築き上げた農地だった。

畑を見回った後、吉田さんは山の上の自宅に案内してくれた。2階建ての家の玄関から入ると、すぐ正面に居間、その横には客間が続いている。客間には仏壇があり、祖父や曾祖父《そうそふ》など先祖の写真が欄間に飾られていた。こうして先祖代々、土地と家が受け継がれてきたのだろう。しかし、その世襲も吉田さんが最後だという。子どもは独立すると、別の道を選んでいった。農業だけでは、赤字を埋められないためだ。

「いつまで農業できるんですかね……」

吉田さんが窓から見える畑を見てつぶやいた。この畑も、耕す人を失えば、あっという間に荒れ地に変わるだろう。農村で高齢化が進み農家の多くが「老後破産」に追いつめられている今、全国各地で同じように田園風景が失われていく現実が、広がっているのだ。

サバイバルな自給自足の老後生活

「秋田県生活と健康を守る会」の担当者は、さらに厳しい暮らしを送っている女性がいると言い、案内してくれた。食費をほとんど使わずに、自給自足に近い暮らしを送っているという。自宅の固定資産税などの税金が払えなくなり、その支払いを免除してもらうための「減免申請の手続き」を教えてもらいたいと言って、会に参加した女性だった。

秋田県内陸部の平野は、田んぼが広がっている。吉田さんが畑作業をしている山間部と違い、平野部では、田んぼが広がる風景の中に、住宅などの建物も点在している。しかし、この地域でも農家を継ぐことをあきらめた若年層は県外に流出、子どもの数も激減していた。

「あそこに見える小学校も廃校になって、今は使われていません。お年寄りだけになってしまいました」

車を運転しながら、会の担当者はそう話した。「この家ですね」車は川沿いに建つ、一軒の木造住宅の前に止まった。木造部分は黒く変色し、年季が入っているように見える。

玄関は、雪対策なのか二重になっていて、木の引き戸を開けると、さらにガラスの窓枠がついた引き戸があった。開けて中に入っていくと、そこが靴脱ぎ場だった。

「お待ちしてましたよ」

そう言って奥から出てきたのは、エプロン姿の北見成子さん（仮名）だった。秋田なまりで話す北見さんの言葉は、会の担当者に翻訳してもらわなければ分からないほどだった。

「本当にお金の面では苦労しています。周りの年金生活者はみんなそう言っています。どうか私たちの声を聞いて下さい、と話しています」

ところどころ翻訳してもらいながら、会話を続けた。北見さんの収入は、農家をしていた時に保険料を払っていた国民年金だけ。しかし、その国民年金も満額の6万数千円には及ばない金額だった。驚くことに毎月2万5千円の年金だけでやりくりしているというのだ。

実は、年金保険料は生活が厳しい時期には、収入の証明書を提出すれば保険料の支払いが免除されるという規定がある。しかし、払わなかった期間の長さに応じて、もらえる年金の額も目減りする。北見さんは、かつて農業の収入が赤字で年金保険料を払えない時期があり、その分、減額されているため2万5千円しかない。さらに、預貯金もほとんどないため、自給自足のサバイバルな暮らしを続けているというのだ。

「買い物は月に2回しか行きません。1回に2千円も使わないかな」

食費などの生活必需品を買うお金は1週間に千円。1か月で4千円しか使うことができない。その他の水道やガスなどの光熱費や保険料などを支払えば、ギリギリの暮らしだ。

北見さんが「老後破産」に陥ったきっかけは、50代の頃にあった。夫婦でコメを作り、農家を守り継いできた北見さん一家の暮らしは、貿易自由化によって米価が下落し始めた20年ほど前から、厳しくなる一方だった。それ以前からも、農業の赤字を埋めるために、夫は毎年、冬になると関東地方まで出稼ぎに出て、建設現場などで働いていた。

２人の子どもに恵まれたものの、その子どもを育て上げるために、夫婦は苦労の連続だった。そして子育てを終えた頃、出稼ぎに出ていた先で、夫が心筋梗塞《しんきんこうそく》で倒れ、関東の病院に救急搬送された。

容態が落ち着いてから、地元の病院に戻った夫は、その後も1か月ほど入院が続いた。こうした入院費用が生活をさらに圧迫していった。夫は無理をして、退院しては再入院という経過をたどり、10年近くにわたって入退院を繰り返した。その間、北見さんは内職で家計を支えていたが、生活費はまかないきれず、わずかな預金は底をついてしまったという。

16年前、夫が亡《な》くなってからは北見さんの生活はより厳しいものになっていった。もともと多くなかった夫の年金は支給されなくなり、自分の分＝毎月2万5千円だけで農業を続けていくことになったのだ。赤字が出るたびに、田んぼを切り売りし、そうして規模が縮小されると、より収益が減り、赤字だけが増えていった。田んぼを続けることは、破たんを意味した。

仕方なく、北見さんは大規模にコメを栽培している農家に田んぼを貸して、その分の賃料をコメで受け取るというやり方で田んぼを何とか守ることにした。田んぼを貸すといっても、小さな田んぼの賃料では、自分が食べる分のコメしか手に入らない。それ以外の生活費は年金だけで賄《まかな》うしかなかった。

ギリギリの生活が続く北見さんにとって、頼りにできるのは、離れて暮らす2人の子どもたちだ。しかし、精神的には支えられていても、経済的には頼ることはできなかった。離れて暮らす子どもたちも、また、余裕のない生活を送っていることを知っていたからだ。

「子どもたちだって孫がいるから、生活が大変なんだ。だから自分のことは自分で面倒みるしかないんだ」

2万5千円で暮らすということは、想像以上に厳しいものだった。

夕方になって涼しくなると、北見さんは田んぼに出る。夕日が傾き始める午後5時過ぎ、8月半ばの暑い時期には、東北地方でも生ぬるい風が吹いている。家の勝手口から出ると、すぐ目の前が北見さんの田んぼだ。人に任せて、耕作をお願いしている

〈北見さんの収支〉

●収入（月額）

国民年金＝2万5千円

●支出（月額）

食費など生活費＝4千円

医療費（通院代含め）＝1万円

光熱費などの公共料金＝1万1千円

残高　0円

田んぼでも、北見さんは朝夕、必ず1回、田んぼを見回っている。水の張り具合、稲穂のつき方を見て、水の出し入れを調整するなど、できる範囲で手伝いたいと思っているからだ。

最後に手元に残った1枚の田んぼも、亡き夫が先祖代々受け継いできたものだ。嫁いで以来、50年続けてきたコメ作りへの愛着と先祖代々の土地への思慕が、毎日、田んぼへ立たせていた。この日も、用水路に詰まっている枯れ葉を取り除いたり、水面が下がっている田んぼの様子を注意深く見ていた。身長140センチほどの小柄な北見さんは、かがみ込むと周囲からその姿は確認できない。田んぼで倒れたら、おそらく助けも来ないため、農作業は命とりになりかねない危険もはらんでいた。そのため、田んぼに出るのは、早朝と夕方の2回だけと決めていた。

夏場、日中の暑い時間帯、外で作業することを医師からも止められている。心臓に持病のある北見さんは、いつ発作が起きるか分からず、暑い外で長時間作業をすることはできない。かつては、無理を重ねて狭心症の発作で倒れ、運ばれたこともあった。今でも、薬を飲み続け、経過観察が続いている。

北見さんを支援してきた会のスタッフは、農作業をやめたらどうかと助言してきた。北見さんの年金収入であれば生活保護を受けられる水準なのだから、田んぼなどの財産は処分して、生活保護を受ければ生活が楽になるのではないか、と繰り返し提案している。しかし、北見さんは決して首を縦に振らない。

「田んぼも財産もすべて処分して、生活保護という手もあるかもしれないけど、先祖代々の田んぼを手放すなんて、先祖にも親戚《しんせき》にも面目が立たない。そんなことはできないよ」

生活保護を受給するということに対して、一種の罪悪感のような精神的な重荷を感じる人は多い。そうした傾向は都会より、地方の方が強いのではないだろうか。幼い頃から顔見知りばかりの村だからこそ、世間体も悪いし、「あの人の家族は何をやっているんだ」と、家族までもが非難の目で見られることを恐れている。北見さんも、生活保護に強い抵抗感を持っているようだった。

周囲の目が気になるという、農村ならではのエピソードがある。北見さんの居間にある5つのカレンダーだ。居間の壁に、横に並んで異なる種類のカレンダーが5つもかけてある。日付を確認するのであれば、ひとつで十分だ。それでも、同じ部屋に5つ、カレンダーがかけてあることには理由がある。

「もらった人に悪いから」

カレンダーの下には、「●●自動車販売会社」「●酒造」などとカレンダーを作成・配布した企業名が印刷されている。「せっかくカレンダーをあげたのに、うちのは飾ってないんだ」と送り主を嫌な気分にさせないために、もらったカレンダーは、全部平等に居間の壁にかけることにしているのだ。

「誰かが家に遊びに来るじゃないですか。そうすると、飾っていないことに気付いて、変な噂《うわさ》を立てられたら困るでしょ。だからこうやって何枚もカレンダーをかけている人は普通ですよ」

周囲が皆、知り合いだからこその安心感はある。一方で、周囲が知り合いだからこそ「みっともない姿は見せたくない」とか、「親戚に恥をかかせたくない」といった思いも強くなる。そのことが、時として、福祉制度の利用を遠ざけることもある。北見さんも、そんなひとりだった。

食事は採ってきたもので

「きょうはこれからフキを採りに行くんだ。まだぎりぎり生えている時期だからよ」

ある日、取材スタッフが自宅を訪れると、そう切り出した。1週間に使える食費は1千円。卵や牛乳などを買えば、終わりだ。それ以外の食材はすべて野山で採取している。山菜やキノコなど、豊かな自然に囲まれている地方ならではのサバイバル術だ。

向かったのは、土手の下に流れている小川だった。よく見ると土手の斜面には、雑草に混じってフキが自生している。北見さんは、その斜面で勢いよく根本の方から1本ずつフキを採取した。長さ50センチほどに成長したフキであった。

「野菜買うっていっても、お金がかかるべ。それだったらタダの物を採ってきた方がいいでしょ」

手を休めることなく作業を続ける。30分ほどしたところで、ようやく「そろそろ帰りましょう」といった。採取したフキは両手でも抱えきれないほどの量だ。北見さんは背負っていたリュックサックにフキの束をどさっと入れると、「よいしょッ」と気合を入れて再び背負った。

歩いて家に戻ると、玄関先にフキの茎の部分を並べて干した。そして、昼食の準備にとりかかった。冷蔵庫を開けると、小粒のナスを洗い始めた。

「ナスは自分の畑で採ってきたものだよ。こっちはワラビ。これも採ってきたものだ」

春先に採取したワラビは、漬物にしてあった。ガスコンロでは、朝作ってあった豚汁を温めていた。

「豚汁の野菜も庭の畑で栽培したものばかりだよ。さすがに豚肉だけは、買ってきたけどなあ」

出来上がった料理を卓袱台《ちゃぶだい》に並べていった。その中に、15センチほどの小魚の煮物もあった。魚も田んぼの水を通す用水路で見つけて、網ですくって獲《と》ったものだという。

「一緒に食べれ。おいしいから」

ギリギリの暮らしをしている北見さんに御馳走《ごちそう》になるのは申し訳ない思いにもなったが、嬉《うれ》しそうに客をもてなす北見さんの好意を無駄にしたくなかったため、勧められるままに料理をいただいた。野菜は新鮮で甘くて、みずみずしい。魚もさっぱりした味わいで夏場には格好の昼食だ。

「だいたいＮＨＫの昼のニュースを見ながら食べるんだ」

テレビをつけるために立ち上がると、まずコンセントを入れた。節電のため、コンセントは使う時以外、はずしてあるからだ。それ以外の電化製品も節電は徹底していた。

「月に何円の節約になるのか分からねえけども、使ってねえならもったいない」

食事が終ると、居間から立ち上がり、再びテレビのコンセントを抜いていた。

居間の柱をふと見ると、色あせた古いシールが貼《は》られていた。高度経済成長期まっただ中の１９６０年代後半から、少女たちに流行したアニメ「魔法使いサリー」だ。この居間が少女たちの笑い声で包まれていた時代、農業も経営が上向きだった。その頃、「老後破産」に追いつめられる自分の姿を想像することはなかったはず。それほど、日本社会は急速に変化を遂げてきたということでもあるのだ。

心臓に抱えた「爆弾」と医療負担

２万５千円で暮らす北見さんにとって、もっとも大きな負担が医療費である。しかも、命に関わるために節約することもできない。北見さんは、居間にある棚の中から袋を取りだした。中に入っていたのは心臓の薬や血圧の薬だ。

「本当に心臓が苦しくなったら、これを舌の下に置いて舐《な》めろって医者から言われているんだ。そうすると発作が収まるんだど」

そう言いながら、見せてくれたのは「ニトロ」だった。「ニトロ」は心臓の発作を起こす恐れのある人が常に所持している薬だ。病状を注意深く経過観察する必要があるため、通院治療も欠かせない。しかし、近くに総合病院がない農村では、大きな病院へ通院することだけでも大変なことだった。北見さんは、近くに心臓病を診ることができる病院がないため、2か月に1度、遠く離れた総合病院まで電車で通っている。

通院の日、いつもより早起きをした北見さんが自宅を出発するのは朝7時半。リュックサックを背負い、家の戸締りをすると家を出た。そこから「大変な1日」が始まった。

自宅から20分ほど駅まで歩いていく。夏真っ盛りの8月だったが、この時間の空気はまだ涼しく、太陽の光も優しげだ。足腰が丈夫な北見さんは、速足で駅へ向かった。

「昔はもっとすたすたと歩けたのに、さすがに今は大変だね。心臓の動悸《どうき》が止まらない時もあるんだ」

電車の時刻には、まだ10分以上あった。本数も少ない電車だから、乗り遅れないように余裕をもって移動しているのだろう。切符を買うと、反対側のホームへと階段を上がって渡っていく。1段1段、踏みしめるように登りながら、歩いている時は見せなかった苦しそうな表情をしている。階段の真ん中あたりで止まると、「ふう」と息を吐いた。反対側のホームに降り立って、しばらくすると、電車がホームに入ってきた。通学のために利用している高校生がちらほらとみられたが、空いている席に座ることができた。

流れる車窓からは一面に広がる水田や、遠くには山々が見える。北見さんはそうした窓の外の風景をじっと見つめていた。

日焼けした顔を太陽の光が照らし、しっかりと刻まれたしわが浮き立って見える。膝《ひざ》に並んで置かれた手は黒く日焼けし、ごつごつとしていた。その顔も手も、長年、田んぼに出ていたからだろう。15分ほど電車に乗ると、目的の駅に着いた。「よし」と気合を入れるように北見さんは立ち上がった。

まだ病院には着かない。さらにバスに乗り換えて病院へ向かう。少し待つと病院行きのバスがやってきた。

「電車賃とバス代とね、これもけっこう大変なんだ」

交通費は片道で600円、往復1千円を超える。月額2万5千円ほどの年金で暮らす北見さんにとって、2か月に1度とはいえ、医療費に加えて、交通費も大きな負担だ。

自治体によって、高齢者の交通費を無償化しているところもある。都内では都営バスなどは「シルバーパス」を発行し、無料で利用できる。そうした一方で、バスの運営自体が赤字続きの地方では、高齢者向けの制度どころか、路線廃止が相次いでいる。タクシーが利用できればいいのだろうが、年金収入でつつましやかに暮らしている高齢者は、ますます外出が遠のいてしまうのだ。

バスに乗り換えて、さらに15分で病院の前の停留所へ着いた。電車やバスの待ち時間も合わせると、片道約1時間半かかったことになる。病院に着くと、時刻は9時前だった。受け付けをすませて北見さんは待合室の席に座る。待合室にはまだ患者の数が少ないが、椅子《いす》では寝ている人もいる。

「私なんて遅い方だ。早い人は6時7時に来て診察券を出すんだ」

地域にひとつしかない総合病院のため、混雑が激しく何時間も待たされることがある。

「ひどい時には、お昼まで待たされるんだ」

9時に診察が始まり、10分ほどで北見さんの名前が呼ばれた。尿検査と採血をするためだ。

「ここからが長いんだよ」というと、採血室へと向かっていった。尿検査と採血が終わった後、待合室でいくら待っても名前が呼ばれない。いつの間にかロビーは人であふれかえり、座る椅子を探そうにも見つからないほどだ。そのほとんどが高齢の患者だった。

じっと診察を待つ。1時間、2時間……しかしまだ名前を呼ばれない。3時間が経《た》ち、待ちくたびれた頃になってようやく「北見さん、北見さん」と院内アナウンスが流れた。

診察室に入ると医師は尿や採血結果のデータを見ながら、体調に変化はないか、など問診をしている。

「今のところ問題ないですね。引き続き薬を出しますので、きっちり飲んでおいて下さい」

ものの5分ほどで診察が終わった。何時間も待たされ、5分で終わり……それでも「問題ない」と言われ、北見さんは安堵の表情を浮かべていた。

診察代と薬代合わせて窓口で支払った料金は4千円。治療費は、通院交通費と合わせると大きな負担である。それでも病院へ通っているのは、重症化して入院することになれば、入院費用が払えないためだ。

すべてを終えて、同じ道程を帰っていく北見さんの背中は疲れていた。自宅へたどりつくと、倒れ込むように居間の畳にゴロリと横になった。病院から戻ると、午後2時を回ることも少なくない。「お金がかかるから」と途中で寄り道をすることもなく、家に戻った。朝、家を出発してから約6時間半、この通院がずっと続くのだ。

畳に寝そべり、天井を見ながら北見さんはつぶやいた。

「貧乏人は死ねってことなんだべ」

普段はおだやかな北見さんの言葉に、この時初めて「怒り」のようなものを感じた。

「ニュースを見ていると、そう思う。負担はどんどん重くなるべ、金のねえ人にはますます厳しい世の中になってきたんだからよお」

超高齢社会を迎え、国は持続的な社会保障制度の見直しを進めているため、医療や介護などの負担は増え続けている。一方、年金は物価水準などと照らして、減額が続いている。ひとり暮らしで年金だけを頼りにしている北見さんのような高齢者にとって、その厳しさは肌でヒシヒシと感じているのだろう。

北見さんは、これから先の不安があまりにも大きくて背負いきれないと訴えた。

「先のことを考えると死にたくなる時があるよ。ほんとに死にたくなる。でも死んでられねえべ。田んぼがあるから」

最後に「田んぼ」と言った北見さんの横顔は凛々《りり》しかった。

「人生をかけて守ってきた田んぼがあるから、生きていられる」そう話してくれた時、地方での貧困が見えにくい理由がもうひとつ、分かった。

豊かな自然が自給自足を可能にしているというだけではない。田んぼを守り抜いてきたプライドが生きる力になっていたのだ。だからこそ弱音を吐かず、必死に耐えている。東北地方の集落では、3万円程度の年金収入でひとり暮らしをしている農家は珍しくない。やはり田んぼを手放そうとはせず、生活保護を受けずに耐えている人が多い。自治体によっては、制度を柔軟に運用し、田んぼや自宅を所持していても生活保護を受けられるようにしているところもある。

苦しかったら、我慢しないで相談してほしい——北見さんをそばで見ていく、一番強く感じるのはそのことだ。北見さんの大切な田んぼの近くで、もう少し安心して暮らせる方法があっていいはずだ。

地方でも増え続ける独居高齢者　～自治体調査より

「地方では、家族と同居する人が多いと思われがちですが、働く世代が仕事を求めて農村を離れてしまうため、高齢化率は高まり、それに伴って独居高齢者も増えています」

全国各地の自治体でひとり暮らしの高齢者の実態調査をしてきた明治学院大学の河合克義教授はそう指摘する。中でも河合教授が問題視しているのは、都市部よりも地方のほうが年金収入が低いという点だ。

農家が多い山形県最上町で行われた調査では、ひとり暮らしの高齢者のうち、収入が生活保護の水準を下回る人が50％を超えている。農家の多くは田畑や自宅を所有しているため、食料が手に入れば、一見、困っているようには見えないことも多い。しかし、聞き取り調査では「未来がない」と将来の不安を訴える声が多く寄せられていた。戦後の食糧難を乗り越え、「腹いっぱい食べさせたい」とコメ作りを誇りをもって続けてきた農家の人たち。その農村で、何とか自力で生きていこうとする農家の人たちが、老後を不安視し「未来がない」と訴える時代。都市部だけでなく、地方にも

「老後破産」の現実が広がっているのだ。

第5章 急増する「老後破産」予備軍

間違いなく5、6年後に私がこの世にいることはないでしょうね。

見えにくい「老後破産」

「老後破産」が広がる中、最前線で対応に苦慮しているのが在宅介護や在宅医療に携わる人たちだ。「老後破産」寸前の高齢者をどう救うのか、とりわけ対応が難しいのは、親族がサービスを拒否しているケースだと言う。一見、親族がいれば安心できるようだが、実は「老後破産」をかえって見えにくくするケースが相次いでいるのだ。

東京・足立区にある介護ヘルパーステーションでは、こうした高齢者にどうしたら十分な介護サービスを行えるのか、個別事例ごとに議論しながら、ケースバイケースで対応にあたっている。この介護ヘルパーステーションには、高齢者のケアプランを作成するケアマネージャーやヘルパーなど10人のスタッフが在籍している。

事務所では、電話対応をしている人や、書類作成をしている人など、誰もが忙しそうに働いている。ヘルパーステーションの多くは、人手に余裕がない。ヘルパーが訪問介護の合間に事務所に戻って書類を作成したり、電話相談を受けるなどいくつもの仕事を兼務している。

「こんにちは。そこにおかけになって、少々お待ちください」

入口の近くで目が合った女性職員は、そう声をかけてから、いくつか電話やパソコン業務などをこなした後、再び戻ってきた。

「今回は〝お金〟に焦点を当てて取材したいと思っています。生活保護水準以下の年金収入しかなくて、大変な思いをされている方が多いと聞きます。そうした現場の状況などを教えていただきたくて……」

そう切り出すと、女性は苦い表情をした。

「その問題には現場の私たちもどう対応をしていいのか、正直お手上げのところがあります」

このステーションでは、対応の難しい事例が増え続けている。親族がつかず離れずで関わっていたりすると、自分が介護するから、とサービスを拒否したりして、生活保護制度にすぐには結びつかないケースが多いため、対応に困っているのだという。

「介護を辞退します」と、本人が介護サービスを拒否するケースもある。こうした場合、本人だけでなく、親族がいれば親族の理解を得られるように説明をくり返すしかない。しかし、親族に反対されると壁にぶつかる。

「ヘルパーさんが来る回数や時間など、サービス量を減らしてほしい」

といった介護抑制ともいえる事態も新たに起こっている。払える費用に限界があるため、十分な介護サービスは受けられないが、払える分だけサービスを受けたいケースだ。そうした中には、離れて暮らす親族が足りない分の介護を自分たちが本人のもとへ通って補うというパターンが多いのだ。高齢者は、親族の申し出があれば、それに反論することはほとんどない。

しかし、サービスを行う側からすれば、十分なサービスが行き届かないため、常に不安を持ちながら、訪問介護を続けなければならないということにもなる。

このヘルパーステーションで対応に苦慮しているという例を紹介してもらった。

親族の存在が遠ざけていた「支援」

男性スタッフが話してくれたのは、足立区のヘルパーステーションから歩いて10分ほどの一軒家でひとり暮らしをしている男性の例だった。

70代前半の谷口剛さん（仮名）が医療や介護を十分に受けられないのは、生活保護を受けさせたくない、と支援を続ける親族の存在があるためだった。

働いていた頃の谷口さんは、大工をしていて身体《からだ》が丈夫なことだけが自慢だった。

しかし60歳を過ぎたあたりから体調を崩しがちになっていった。結婚をしていない谷口さんは、頼る家族のないひとり暮らしだった。

病気で入院した後、自力で歩いたり、トイレに行ったりすることは難しく、ほとんど寝たきりに近い生活だった（要介護４）。ほぼ毎日、ヘルパーが家を訪問し、食事の準備をしたり、掃除をして、生活を維持してきた。

「この男性の年金は月額で５万円ほどでしょうか。生活保護を受けてもおかしくない額なのですが持ち家があるため、生活保護を受けられないんですよ」

とスタッフは説明してくれた。寝たきりに近い状態であるため、本来であればもっと訪問介護の回数や時間を増やしたいという。しかし、男性の年金額で払える範囲内では、今の介護サービスの量がぎりぎりでこれ以上増やすことは難しい。

「家を売るという選択肢はないんですか？　そうすればどこかのアパートに入りながら介護を受けることもできるでしょうし、金額によっては施設という選択もあると思うのですが」

そう聞いてみると、男性スタッフは「そこがこの男性の難しいところです」とつぶやいた。

「東京近郊に弟さんがいるんです。その弟さんが家を手放したくないと言っていましてね」

谷口さんの弟は、月1回やってきて、兄の身の回りの世話をしたり、公共料金の支払いなどの金銭的な支援をしている。弟は離れて暮らす兄を気にかけて、自分なりにできることをしているのだろう。

「これは私の推測ですが、恐らく弟さんにしてみたら、お兄さんが住んでいる家はもともとは2人にとっての思い出のある実家で、谷口さんが亡《な》くなった後は自分が相続して守っていきたいと思っているんじゃないでしょうか」

弟が家を売ろうとしない理由を、スタッフは説明してくれた。

親族が、思い出の実家を売りたくない、と拒否すれば、持ち家を処分できずに生活保護を受けることもできない。

谷口さんの場合は、親身になって通ってくれる弟がいるからこその難しさがあったのだ。

ヘルパーステーションで紹介されてから数日後、谷口さんに会えることになった。

「このステーションから歩いてすぐのところですから」

担当の男性スタッフに案内され、歩いて向かった。近隣には小さな商店がいくつか建ち並ぶほかは、一戸建てが多い住宅街だった。古くから住んでいる人が多いのか、築年数が経《た》った家が日立つ街並みだ。車1台がようやく通れる細い路地に面して、谷口さんの自宅があった。

「こんにちはー」

スタッフが何度か挨拶《あいさつ》しても一向に返事が聞こえてこない。すると慣れた様子で、スタッフは家へ入って行った。

「お邪魔します」

部屋の中で、谷口さんにスタッフが来訪の趣旨を改めて告げていた。

「どうぞ、入ってきてください」

スタッフに呼ばれて、玄関を上がって居間へ入った瞬間に、どうして玄関先で谷口さんの反応がなかったのか理解できた。

谷口さんは、居間におかれた介護用のベッドで寝ていて、ほとんど身動きすることができない。普段から寝たきりで、声を出すことも難しく声をかけても「うんうん」とうなずくのがやっとのようだった。〝反応がない〟のではなく、〝反応できなかった〟のだ。

「今はこうして身体も大変だし、話すこともままならないけど、昔は大工の親方として腕をふるったんだよね」

男性スタッフが笑いながら谷口さんに話しかけると、谷口さんは声を出さずに笑った。20年ほど前まで小さな土木工事会社を経営していた谷口さんは、従業員も大勢抱えていて、バブル期には人手が足りないほど毎日が忙しく、経営も順調だった。親方気質《かたぎ》で気前のいい谷口さんは、従業員に食事をごちそうしたり、遊びに誘ったりと部下からの信頼も厚かったのだという。

しかし、バブル経済が崩壊した途端に仕事が激減していった。そして60歳の頃、借金を抱え、倒産。結婚もせず、仕事一筋で生きてきた谷口さんは、倒産後、体調が徐々に悪くなり、ヘルパーの力を借りなければ、ひとりで暮らすことが難しくなった。

「昔はお酒もけっこう飲んだんだよね。ひと晩で1升くらいは飲めたんじゃない？」

スタッフが谷口さんに笑いながら声をかけた。

「……楽勝だ」

ぼそっとつぶやいた谷口さん。この一言で居合わせた皆が大笑い、場は和やかな雰囲気になった。昔、谷口親方は厳しい現場でも周囲を明るく、笑いに包んできたのだろう。短く刈り込まれた髪、仕事の話をしている時の誇らしそうな表情は往年の姿を想像させた。

ふと部屋を見渡すと、壁にたくさんの魚拓が飾られてある。1メートル近い大物の

「鯛《たい》」の魚拓もあった。

「これ、全部、谷口さんが釣られたものなんですか？」

尋ねると、待ってましたとばかり、誇らしげな表情になった。

「もう一度、釣りに行きたいなあ」

遠い目をして、つぶやいた。

釣り好きが高じて、釣り道具が入った木製の箱などもすべてお手製だと見せてくれた。仕事がない休日には、千葉や静岡まで釣りに出かけることもあったという。しかし、自分で歩くこともままならない谷口さんに釣りは無理だ。介助してくれる家族がいれば、何とかできるかもしれないが、同居して支えてくれる身内はいない。介護保険サービスにも、余暇の趣味などに同行してくれるサービスはない。

狭いベッドの上で寝たり起きたりするのが、谷口さんには精一杯だ。ぼんやりとテレビを流しながら、横になっている谷口さんを見ていると、どうにかして「もう一度、釣りに行きたい」という夢をかなえてあげたくても、それができないという、もどかしい思いがこみ上げてきた。年金では暮らしていくだけでギリギリの谷口さんにとって、その夢をかなえる手段は得られそうにもない。そのことが、もどかしかった。

部屋の机の上には、電気代や水道代など公共料金の領収書がおかれていた。

「こうした料金の支払いは、弟さんが手伝ってくれているんですよね」

と尋ねると、谷口さんは黙ってうなずいた。

谷口さんの弟は、東京近郊で妻や子どもと一緒に暮らしている。60歳を過ぎてもパートで働きながら家計を支えている弟は、忙しい毎日を送っている。そんな暮らしの中で、谷口さんのもとへ通って来てくれている。弟が気にかけてくれているだけで谷口さんは、本当に心強くうれしいのだという。

「自分にも家族がいるため、兄とは同居できない」

と言いながらも、できるだけ兄を支えようとする弟。

しかし、兄が生活保護を受けるために自宅を売るということに反対しているのは、弟の自分にも親の遺産を引き継ぐ権利がある、ということなのかもしれない。そうなると谷口さんは年金で暮らしていくしかない。

このまま介護サービスを増やすこともできず、自宅でひとり暮らしを続けていけるのか——いつか難しくなる日が来るだろうが、それを先延ばし、先延ばししている状態だ。

つい先日、ベッドから立ち上がろうとして転んでしまった谷口さんは、翌日、ヘルパーが来るまで、丸1日、誰にも気づかれることなく床にうずくまっていたことがあった。ひとり暮らしができなくなる前に、施設へ移るなどの選択肢が増えてくれれば少しは安心できるのだろうが、親族がいることでその選択肢が狭まることもあるのだ。

「将来、どう暮らしていきたいのか」

谷口さん自身に尋ねると、「思い出のある家を他人に渡したくない」という弟の希望を分かっているのか、このまま自宅に住んでいたいと答えた。生活保護を受けずに施設へ入りたいと願えば、施設の費用などは弟に出してもらうことになり、迷惑がかかるという思いがあったのかもしれない。

親族の意思、本人の意思が複雑にすれ違い、それでもお互いを思いやっているような場合には、逆に難しいのだということを改めて知らされたケースだった。

「本当のこと言うと、完全に孤立無援という人の方が支援はしやすいと思うようなことも多々あるんですよ。中途半端《はんぱ》に親族の関わりがあると、同意を得たりするにも意見の隔たりがあって、前に進まないことも少なくないんです」

スタッフが、ぽろっと本音を語ってくれたのは谷口さんの家からの帰り道だった。介護方針のこと、費用のこと、住まいのこと、そして相続のこと……どれひとつとっても親族がいる限り、その意向を無視することはできない。もちろん高齢者本人の意思がはっきりとしていればその意思に基づいて介護のこと、住まいのことは決めることができる。

しかし支えてくれる親族がいれば、高齢者本人も親族の意向を無視して自分の将来を決めるという例は多くはないであろうし、その意見は尊重せざるを得ないケースがほとんどだ。そうなると、本人と親族の意向が食い違っていたりする場合には、本人が「支えてくれる親族に遠慮して」自分よりも親族の意思を優先することが多いのではないだろうか。そのために福祉の現場で働くスタッフは、とまどうことになる。親族よりも、本人の意思を優先して、本人の望む老後を実現してあげたいと思うからだ。

「親族の関わりがあるとかえって支援が難しい」

現場で聞いたこの言葉の意味を改めて考えると、解決の難しさを思い知らされた。「家族（親族）の思いやり」が支援を遠ざける――本人が遠ざけてしまう――ことにつながっていたからだ。

支えてくれる親族の意向が、本人の希望する老後と隔たりがある時、支援が行き届かなくなる現実は生活保護の申請だけではない。とりわけ、本人が認知症などで判断能力がなくなっている時、親族の決定は本人の老後を左右し、支援を遠ざける結果を生んでしまうこともある。残酷ともいえる現実だ。

それが顕著に現れるのが「成年後見制度」だ。

横浜の司法書士団体で、認知症で意思決定が難しくなった高齢者の代わりにさまざまな契約行為などを代行する「成年後見制度」について取材した。認知症など、病気で判断能力がなくなり、金銭管理や契約行為ができなくなると、本人や親族の中し立て、さらにそれらが難しい時は自治体の首長の判断によって成年後見人を選定することができる。

親族が成年後見人になる場合もあるし、弁護士や司法書士に費用を払って後見人を委託する場合もある。高齢者本人の希望に沿って生活を設計し、資産を守るための制度だ。

しかし、この「成年後見制度」にも、行き届かない部分がある。それは、高齢者が認知症などで十分な判断能力がないにもかかわらず、親族が「成年後見人」を選定したくないと拒否するケースだ。

親族として後見人を引き受けるのは「面倒」だから、「嫌」と拒絶。そのうえ、弁護士や司法書士などの法律のプロに任せるのは「お金がかかる」から、「それも嫌」だというのだ。

後見人に費用を払うといっても、別に親族の財布から支払うわけではない。当事者である高齢者の資産から月々1万数千円程度（依頼する後見内容によって差がある）の費用を払うのだから、親族の懐《ふところ》が痛むわけではないケースでも後見人を拒否する事例は少なくない。

反対の理由は、「相続できる資産を目減りさせたくない」という利己主義的なものであることがほとんどだ。そうなると、よほどおせっかいな人が無理矢理、後見人を選定しようと動かない限り、後見人がつくことはなくなってしまう。

実際に、後見人を引き受けているという司法書士に話を聞くと、ドロドロした親族間の内紛は、それどころではないという。

「法律のプロに後見人をまかせたら、祖母の預金を自由に使えなくなるのではないか」

と、認知症の高齢者の資産は、子孫である「自分たちに使う権利がある」と思い込んでいる例も少なくない。実際に、ひ孫の入学資金に預金が勝手に使われ、本人である高齢者は福祉施設に入ることができなかったという事例もあったというから驚きだ。

「成年後見制度の本来の趣旨は高齢者本人の生活や権利を守るためのものです。たとえ大切な親族であっても、その人たちのために高齢者の老後や生活が脅《おびや》かされるというのは制度の趣旨から逸脱しています」

　日常的に後見人を引き受けている司法書士は、後見人制度に対する社会の理解のなさを嘆いていたが、そうした中で置き去りにされているのは高齢者たちだ。

　多額の預金があるにもかかわらず、福祉施設への入居契約もできず、ゴミ屋敷のような自宅で過ごしていた人。１日に何件も押し売り業者から電話がかかってきて、訳も分からないまま羽毛布団《ぶとん》などを大量購入させられ、財産を失った人。

　こうした事態を防ぐための制度が、後見人の制度だ。せめて、高齢者本人が働いて蓄えてきた資産は、本人の老後の暮らしを豊かにするために使われてほしい――そう思うのだが、現実はそうなっていない。

　一方で、頼れる親族がいない高齢者に対して後見人をつける必然性がある場合には、例外的に認められる制度の運用も広がってきている。

　親族がいない場合や、絶縁状態にある場合、親族に代わって住んでいる自治体の首長が申し立てを行う制度だ。その件数は多くはないが、急増してきている。

「行政側にしてみたら、やはり親族の了解を得て後見人をつけるというのが原則です。首長申し立てをして、あとから『何、勝手なことしてんだ！』などと親族から反対されるリスクがあるからです」

そう教えてくれたのは、「市民後見人」の養成を進めるNPOの代表の神田典治《すけはる》さんだ。自治体職員として福祉行政に携わってきた経験から、行政だけでは十分に成年後見制度を活用してもらうことはできないと感じてきた。そこで退職後、自らNPOを立ち上げ、後見業務の相談や第三者の市民が後見人となる「市民後見人」の養成などを行っている。神田さんは、親族がいても同居する世帯が激減していることから、「後見人」として支援する役割は今後、より一層必要とされると考えている。

では、実際に「後見人」を選任するまでにどういう手続きが行われるのか。認知症などで、判断能力がない高齢者に介護サービスが必要な場合、本人が申し込みをできないため、後見人が必要となる。まず、行政が真っ先に行うのが親族探しだ。たとえ見つかっても、親族が後見人になることを拒めば、手続きは止まってしまう。

親族がすぐには見つからない場合でも、甥《おい》や姪《めい》など、遠縁で後見人を任せられる親族はいないのか、徹底的に調べる。見つからなければ自治体の首長が申し立てを行うことができる。

しかし、ここで問題なのは、いくら調べても親族が見つからなかったのに、首長が申し立てをした後で、突然現れるというケースである。そうしたリスクを考えると行政の裁量で後見人を選任することにはどうしても及び腰になってしまうこともあるという。それでも、「首長の申し立て」で後見人が選任される事例が急増しているのは、それだけ「ひとり暮らし」で、かつ「頼れる親族がいない」高齢者が増えているためであろう。

後見人がついてもらえない場合、困るのは高齢者本人だ。預金があっても、自分のために使えるはずの〝お金〟を使うことができず、必要なサービスも受けられずに放置されてしまうのだ。

「壁」となっているのは、利己主義が蔓延《まんえん》していることや後見人制度に対する無理解だけではない。

自らの老後について——判断能力を失う前に——積極的に向き合い、頼れる親族がいない場合に自分の老後を誰にどう託すのか、決めておくことも必要な時代なのかもしれない。

他人の世話になることへの「罪悪感」

２０１３年、『〝認知症８００万人〟時代　〝助けて〟と言えない～孤立する認知症高齢者～』という番組で墨田区を取材していた時、あるケースと遭遇した。都営団地でひとり暮らしをしている高齢女性だった。ヘルパーに同行して訪問すると、部屋には服や新聞などが散乱していた。

「この方はひとり暮らしなんですが、息子さんが時々様子を見にやってくるんです。私たちも女性の生活が荒れているので介護サービスを充実させた方がいいのではないか、と相談はしたのですが……」

息子は女性の家から電車で1時間ほどのところに住んでいる。学校の教師をしていて忙しいらしく、数週間に1度、週末に母親を訪ねてくる。足腰も弱くなり、買い物にも行けない母親のために、カップラーメンや菓子パンなど、日持ちのする食べ物を買い込んで持ってきていた。しかし、もう少し生活環境を良くした方がいいから、と介護サービスをすすめても、拒み続けているというのだ。

「母親には僕がついているので心配いりません」

の一点張り。それ以上、相談に耳を貸そうともしないのだという。母親は、たとえ数週間に1度でも息子が来てくれるのは嬉《うれ》しいのか、息子の判断に文句を言うそぶりは見せない。そうなると、介護サービスを増やしたり、変更したりすることもできないのだ。

このケースで、介護サービスを利用しない理由は「子どもがいるのに親の面倒も見ないで、他人に任せている」という世間の目を怖《おそ》れた息子が、サービスを遠ざけていることにあるのではないだろうか。本来、介護保険制度は、家族を介護の負担から解放することも、大きな目的のひとつとして創設された制度だ。しかし、未《いま》だに「介護＝家族の仕事」という風潮が残っている。

ひとり暮らしに不便や不自由を感じた時、積極的に介護サービスを利用してもらうには、こうした社会の意識を変革していくことも大切なことではないだろうか。介護サービスは、私たちの老後にとって、誰もが当然利用できる「権利」なのだから――。

連鎖する「老後破産」

都内の地域包括支援センターでは、「老後破産」に陥り、生活保護などの手続きに入る高齢者の数は、急速に増え続けている。「老後破産」は拡大の一途をたどっているのだ。しかし、それだけではない。高齢者を支えるはずの「働く世代」にも、将来、「老後破産」に陥りかねない深刻な予兆が現れ始めている。

いわば「『老後破産』の予備軍」だ。それを如実《にょじつ》に表わすケースと遭遇した。

東京・墨田区にある一軒家で暮らす、80代の両親と50代の息子の3人家族のケースだった。

家を訪ねると、2階にあるリビングへ案内された。8畳ほどのリビングの端にベッドが置かれている。そこで寝ていたのが木村浩二さん（仮名・87歳）だった。ほとんど寝たきりで、妻の千代さん（仮名・85歳）が介護サービスを利用しながら夫を支えていた。

大工をしていた浩二さんの道具だろうか、金づちや鋸《のこぎり》などの大工道具があちこちに置いてある。

「亭主関白の職人気質でしてね。3年ぐらい前に入院した後、身体が動かせなくなっちゃったんですよ」

千代さんはベッドで寝ている夫の顔を見ながら、そう話した。年金でぎりぎりの生活ではあったが、妻の献身的な介護のおかげで、何とか2人は生活を維持することができている。しかし、問題は息子だった。数年前にリストラで仕事を失い、今も無職の状態だった。ギリギリの親の年金で息子も生活しているという状況だったのだ。

「就職しようとしているのか、昼間は何をしているのか、よく分からないんですよ」

千代さんは肩を落とした。息子は部屋にこもりきりで、出かける時も会話をかわそうとせず、両親と関わりを持っていないのだという。食事も置いておくと、いつのまにか皿がカラになって戻っているような状況だった。

「仕事しないの、なんて聞くと、怒って手もつけられないから、もう何も言わないようにしているんです」

こうしたケースでは、「世帯分離」といって親世代から息子を独立させ、必要ならば生活保護を受けながら就職活動などの自立支援をしていく方法もある。しかし、息子は自治体の担当者が訪問しても、話し合いの場にさえ出てこようとしない。自治体では、このままでは共倒れの危険があると心配していた。

ところが高齢の母である千代さんが心配していたのは、自分たちの生活ではなく、息子の将来だった。仕事をリストラされた後、息子は年金保険料を払っていないというのだ。

このままでは老後の糧《かて》となる年金がほとんどもらえなくなる。今は、まだ両親がいるため２人分の国民年金があるが、２人が亡くなった後は息子は自分の年金だけで生活しなければならない。それだけではない。仮に息子が年金受給できる年齢になる前に、親である自分たちが亡くなってしまうと、収入が途絶えてしまう恐れもある。

「自分たちが死んでしまった後のことを考えると、不安で不安で仕方ありません」

このような、中高年の無職の子どもと同居する親という世帯が目立って増えている、と地域包括支援センターのスタッフは言う。

今、「働く世代」が40代、50代になって収入が減ったり、仕事を失ったりすると、頼れるのは生活保護を除けば親の年金しかない。もちろん頼れる親がいることは問題ではない。しかし、親の年金をあてに生きていても、親が大病を患《わずら》ったりすれば、途端に家計は行き詰まる。さらに親が亡くなれば、収入は断たれてしまうのだ。

こうして「老後破産」が連鎖してしまうことになる。「働く世代」が自立できる社会であることも、「老後破産」を未然に食い止めるために必要なことなのではないだろうか。

さらに別のケースでは、より深刻な問題もはらんでいた。問題の家庭は、老いた母親と息子の2人暮らしだった。やはり息子が仕事を失ったまま再就職できず、母親の年金を頼りに生活していた。

問題は、息子が母親を虐待《ぎゃくたい》している疑いがあることだった。近所の住人から、息子の怒り狂う声や母親の泣き声が時々聞こえてくる、と通報があったことを受けて、地域包括支援センターが見回りに行くことになったと聞いて、同行させてもらうことにした。

午前10時、家に到着してボタン式の呼び鈴を鳴らす。しかし反応がない。再びボタンを押した時、玄関の引き戸がガラガラと開いた。50代半ばぐらいの男性が「何ですか？」と不自然なほどの笑顔で出てきた。

「自治体のものですが、高齢者宅を回っていまして、お困りごとなどないかなと思いまして」

こうしたケースでは、スタッフは「虐待の通報があって」とは言わない。事実を確認できるまでは、慎重に対応することにしている。

「高齢の母親がいますけど、特に困ったことはありませんよ。大丈夫です」

息子は早々に話を切り上げたい雰囲気だった。その時、息子の身体がふらふら揺れた。見ると、酒に酔っているのか、目の焦点が合っていない。スタッフは、「そうですか」と相槌《あいづち》を打ちながらも「お母さんの体調はどうですか？」と中を覗《のぞ》き込むような仕草をした。

だが、息子は玄関の扉が開いた隙間《すきま》の部分を身体で塞《ふさ》ぐように立つので、はっきりと中が見えない状態だった。

「母親は今、体調を崩していましてね。寝込んでいるんですよ。だから今日のところは大丈夫ですので帰っていただいて……」

息子は、どうしても母親を見せたくないそぶりだ。

その時、一瞬、隙間から少しだけ家の中がちらっと見えた。玄関の奥の部屋に人らしき姿が見えたのだ。うずくまるように座っているが、肩がわなわなと震えているようにも見える。スタッフがそれに気がついて、

「あ、お母様ですか？」

と、奥の方に向かって声をかけた時だった。

「てめぇ、奥に引っこんでろよ！」

息子が大声で母親に向かって叫んだ。そして再び不自然なほどの笑顔で振り向いた。

「すいませんね。少しぼけちゃってましてね」

怒鳴った勢いで扉が大きく開き、中の様子が見えた。わなわなと肩を震わせていた母親は泣いていた。声をあげて泣いていた。朝から酒に酔った息子と、うずくまって泣いている母親。その光景は異様だった。

その時だった。母親が震える泣き声で、ぼそぼそと何か言っている。しかしその声は小さくてうまく聞き取れない。息子にとってはそれも癪《しゃく》にさわったのか「うるせぇ

よ！　てめぇは黙ってろ」とまた怒鳴った。

母親の小さな震えるような言葉は続いた。耳が慣れてきたのか、少し聞き取れた。

「またお酒飲んで、しっかりしてよ」

その途端、息子は母親の方に向き直った。

「黙れっつってんだろ！」

再び、作り笑いを浮かべた異様な表情でこちらに向き直る。正常ではない。スタッフは、

「息子さんの方はお困りごとはないですか？」

とやんわりと尋ねた。息子は「いや、特にはないですが……」と言い、沈黙した後、

「仕事ですかね」とつぶやいた。

「仕事はしたいと思っているんですけど、なかなか見つかりませんでね」

この母親と息子は、長年一緒に暮らしている。息子も真面目《まじめ》に仕事をしてきたからこそ、生活が成り立ってきたのだろう。しかし、仕事を失ったことがこの家族を壊してしまったのだ。息子が母親を虐待しているのであれば、それは決して許されることではない。しかし、その一方でこの息子自身、安定した収入のある仕事に就くことが難しくなっている社会の被害者でもあるのかもしれない。

「息子さんも大変ですね。いや、ストレスから家族に虐待してしまうケースとかあるじゃないですか。だから私たちも心配していて」

スタッフは本題に切り込んでいく。しかし息子はいたって変わらない口調で答えた。

「あー、最近多いみたいですね。でも家《うち》は大丈夫ですから、虐待なんてありませんから」

地域包括支援センターのスタッフは、この日、何も交渉できないまま引き上げることになった。帰る道すがら「これからどうするのでしょうか」と聞くと、虐待の疑いがあるため、自治体などにも相談してみると答えた。家庭の問題には強制介入しにくく、即座に対応できないところがもどかしい。

この息子は、あのまま母親の年金を頼りに生きていくのだろうか。仕事に就けないまま、朝から酒を飲んでいる息子を泣きながら諭す母親の愛情の深さが辛《つら》かった。いずれ息子は母親という存在を失えば、収入が断たれる。そうなると「老後破産」に陥ることは避けられそうにもないケースだ。

母親が破産せずに持ちこたえても、息子の破産は避けられない。働く世代に広がる雇用や低所得といった問題を放置すれば、「老後破産」は、より一層拡大しつつ連鎖していく怖れがあることを感じさせられるケースだった。

介護離職がきっかけ

家族がいても「老後破産」を避けられないという厳しい現実——なかでも、目立って増えているのは、親の介護のために仕事を辞めた子どもが同居して、共倒れになるという「老後破産」だ。都内のある地域包括支援センターから紹介してもらった澤田則夫さん（仮名・62歳）もそうしたひとりだった。

２０１４年7月、初めて澤田さんと会う約束をしたのは浅草駅前だった。約束の時間が過ぎても姿が見えず、携帯電話に連絡すると「今向かっています。遅れてすいません、歩くのが遅くて」と言う。

やってきた澤田さんは１８０センチ近い長身で、背筋もしゃんとしていたが、右手には杖《つえ》を握っていた。2年前に脳梗塞《のうこうそく》で倒れ、一時は半身不随だったが、リハビリでようやく歩けるようになったという。今でも、両足にしびれが残っていて、杖を使ってゆっくりとしか歩けないのだ。半身麻痺《まひ》で、言語障害もあったせいか、時々聞きづらいこともあった。澤田さんは、話が不明瞭《ふめいりょう》なことを詫《わ》びるなど、物腰が柔らかい人だった。

駅前の喫茶店に入って、「老後破産」の話を切り出すと、澤田さんは62歳の自分も近い将来そうなる、と断言した。

「間違いなく『老後破産』になるでしょうね。いや、もうなっていますよ……」

澤田さんは、20代の頃、都内のペットショップ会社で従業員として働きながら勉強を重ねて、30代の頃、自分でペットショップを経営する夢をかなえた。とにかく動物が大好きで、仕事に夢中だった澤田さんは、独身のまま、母親と2人で暮らしてきた。父親は早くに亡くし、母親だけが澤田さんの大切な家族だった。

しかし、7年ほど前、55歳の時に澤田さんの運命が狂い始めた。母親の認知症の症状が悪化し、介護のために仕事に出られない日が続いたのだ。

「最期《さいご》まで自宅で暮らしたい」という母親の願いをかなえるために、仕事をしながら介護する日々が続いた。介護保険のサービスも利用していたが、それでも大変な日々だった。

「ヘルパーさんにも来てもらっていましたが、回数にも限界がありますし、食事、おむつ交換など、できることは、私がやっていました」

次第に母親から目を離せなくなり、店を閉めがちになっていった。それでも十分に母親の世話をできないことが辛かった澤田さんは、介護に専念することを選んだ。その時は、母親の年金があれば、何とかなるだろうと思っていたのだ。

ここ数年、介護を理由に仕事をやめる介護離職者は毎年10万人近くにのぼる。澤田さんもそのひとりとなった。結局、1年ほど付きっきりで介護をして、母親を自宅で看取《みと》ることができた。

「母親は喜んでくれたんじゃないかな。そのことについては、後悔はしていません」

しかし、「介護離職」という選択は、澤田さんのその後の人生を変えてしまった。50代で再就職しようにも、どこにも雇い先が見つからなかったのだ。何十通も履歴書を送り、毎週のようにハローワークに通っても、澤田さんは失業者のままだった。

澤田さんは、母と暮らしてきた自宅を売却することにした。老朽化していた家は、それほどのお金にはならなかったものの、貯《たくわ》えができた澤田さんは、移転先の賃貸住宅を探した。しかし、その賃貸住宅も見つからなかった。唯一《ゆいいつ》の親族だった母親が亡くなり、身元保証人を頼める人がいなかったためだ。

「仕事をしてなかったわけですから、保証人がいるかどうか重要だったんでしょうね。あと、孤独死とかそういう心配もされていたのかもしれません」

結局、見つかったのはバックパッカーといわれる海外旅行者向けの格安のホテルだった。そうした宿を利用して長期滞在する人が増えていると聞いて、引っ越しを決めた。

滞在費は1か月で5万6千円。決して安くはないが、身元保証人なしでも入居できることが澤田さんには決め手になった。

喫茶店を出た後、その滞在先に案内してもらおうと隅田川沿いを歩いた。

川沿いの大通りから奥へと入っていくと「あの家です」と指差して立ち止まった。外見は、一軒家のような造りで、玄関もひとつだった。その玄関を鍵《かぎ》で開けると、澤田さんは自分が先に入ってから「どうぞ」と声をかけてくれた。玄関を入ると、右手に廊下が続いているのが見えた。その廊下の方を指差し、「私の部屋はあちらです」と言って、靴を脱ぎ自分の部屋へ向かった。廊下にはいくつものドアがついており、そのひとつひとつが部屋なのだという。

玄関から2つ目の扉を開けると、5畳の部屋に、パイプ製のベッドが置かれていた。そのベッドひとつ分の空間こそが澤田さんの居場所だった。それ以外のスペースは、段ボールや荷物で埋め尽くされている。

ベッドの上には、布団が敷いてあり、小さなテーブルも置かれている。わずか1畳ほどで「リビングと寝室」を兼ねているスペースだ。「贅沢《ぜいたく》は言っちゃいけないと思うんですけど、正直もうここは出たいと思っているんです」

その大きな理由が狭さだ。実質的に動ける空間はベッドひとつ分で、食事する時も、ベッドの上のテーブル、寝る時も、何をする時だって、そこしかない。

「それでも、現実問題、どこにも行けないですからね」

澤田さんは肩を落とした。脳梗塞の後遺症もあり、ひとり暮らしで保証人のいない澤田さんを受け入れてくれる不動産屋は、何十軒回っても見つからなかった。たった1畳しかない居場所でも、澤田さんにとっては唯一の居場所なのだ。

病気で断たれた再就職への道

介護離職してから、母親を看取り、50代になって再就職を目指してきた澤田さんにとって、脳梗塞の発作は不幸の連続と言うほかなかった。半身不随と言語障害に見舞われた澤田さんは、それでも再び自立したい、と必死でリハビリを続けてきた。ようやく歩けるようになったが、杖が手放せない。

「私のような身体の人間を雇ってくれるところなんてありませんよ」

自宅を売却した時の貯えも、一切の収入がないため目減りし続けている。澤田さんは枕元《まくらもと》に隠してあった銀行の預金通帳を取り出すと、ため息をついた。

「どんどん減ってしまいましてね。あと、120万ちょっとですね」

年金の支給開始年齢である65歳まで何とか預金をもたせたいのは、前倒しで受給すると、もともと少ない額がさらに減るためだ。しかし、いずれ預金がゼロになれば「老後破産」は避けられないという。

「はっきりとした額はわかりませんけど、年金収入は月額で1万円、2万円ぐらいだと思います」

自分の店を開いた時に、年金の変更手続きがうまくいっていなかったり、生活に余裕がなく保険料を払えなかった時期もあって、もらえる額がわずかになってしまったと話してくれた。つまり、仕事をすることで収入を得ない限り、他からの収入はアテにできないのだ。

「一度、役所に生活保護の相談に行ったんですよ。でも預金の残額が5万円になったら、また来てくださいって言われましてね。5万円まで減ったとき、もし生活保護を受けられなかったら、それこそ野垂れ死にですよ」

〈澤田さんの収支〉

●収入（月額）

0円

●支出（月額）

家賃（宿泊費）＝5万6千円

生活費など＝3万円

収支（預金）　－8万6千円

澤田さんは、生活保護を受けられることが確かめられなかったことで、預金を使い果たすことに不安を募らせている。少しでもお金を使わないようにすること——それしか考えていない、と無念そうにつぶやいた。

超節約術！

「1食100円以下ですよ」

ベッドの周囲に積まれていた段ボールには、安売りでまとめ買いしたカップ麺《めん》や缶詰が積まれている。この日の晩ご飯は、鯖缶《さばかん》だ。レトルトご飯のパックを手に取り、部屋を出て行く。廊下の突き当たりが共同炊事場だ。ステンレスの流し台と、小さな単身者用冷蔵庫、その上には電子レンジが置かれていた。レンジにご飯を入れスイッチを押すと、回転テーブルが回り出す。

「100円ショップで食材も売っているんですね。あれがなかったら生活していけません」

レンジで温めて、湯気の上がったご飯の上に鯖の缶詰をのせた。鯖の味噌煮《みそに》の甘辛い匂《にお》いが美味《おい》しそうだ。

澤田さんは、勢いよくご飯をかきこんだ。あっという間に、パックの中のご飯はほとんどなくなっていた。缶詰の底に残った味噌煮の煮汁を、何度も何度も割り箸《ばし》ですくっていた。夕飯は10分とかからずに終わった。

澤田さんが節約しかねている生活費が「洗濯代」だ。住んでいるのは、ホテルであるために洗濯機がない。そのため、コインランドリーを使うしかない。

「お金がないといっても、外出して恥ずかしい思いをするほど落ちぶれたくはない」

と思っている澤田さんは週に1回、コインランドリーに通っている。

8月半ば、取材スタッフが到着すると、タイミングよく澤田さんが手に洗濯カゴを持って出てきたところだった。大量の洗濯物をため込んだカゴを持って歩く澤田さんの額には、大きな汗の粒が浮かんでいた。5分ほど歩いたところで立ち止まると、

「あっちに行くと、昔私の家があったところですよ」と右手の方を指さした。

「行ってみましょうか」と言って、歩き出した。久しぶりに、売却してしまったかつての自宅を見たくなったのかもしれない。しかし、自宅は取り壊されていて、真っ白な新築の家が建っていた。

「私の家、もう跡形もないですね」

以前その場所にあったのは、２階建ての家で１階がペットショップだった。店の奥のリビングに母親の介護ベッドを置いていて、最後に看取ったのもリビングだった。かつて、この場所は、ペットショップを持ちたいという夢をかなえた場所であり、母親との思い出の場所でもあったのだと澤田さんは寂しそうに語った。

「しょうがないですね。もう行きましょうか」

しばらくその場で言葉を発することもなく黙って立ち尽くしていた澤田さんは、ようやく立ち上がっても元気がなかった。

再び歩き始めると、コインランドリーに向かった。幹線道路沿いにあるコインランドリーは、平日の昼下がりとあって閑散としている。ごそっと、カゴから洗濯機の中に洗濯物を入れると、洗剤を入れた。そして、ポケットから小銭入れを取り出し、２００円を機械の中に入れた。「ジャー」と水が流れる音がして、洗濯機が回り出した。

「たかが２００円かもしれないけど、私にとってはされど２００円なんですよね」

確かに、2回分の食費を上回る洗濯代は、澤田さんにとっては大きな負担だった。

「終わるまでに、しばらく時間があります。近くに公園があるのでそこに行きませんか」

洗濯が終わるまでの30分ほどの待ち時間を澤田さんは近所の公園で過ごしている。小さな広場と、すべり台やブランコなどの遊具がある。

「私も昔は、ここで遊んでいたんですよ」

まだ両親が健在だった幼い頃、澤田さんは公園が大好きだった。小学校が終わると、毎日のように公園にやってきて、日が暮れるまで野球や鬼ごっこをして遊んでいた。公園のベンチに座ると、あの頃の情景が目に浮かぶという。

「あの頃は不安や心配のない本当に幸せな時代でした」

遠くを見つめながらそう言った。目にはうっすらと涙がにじんでいる。

「今は、本当に、不安で、不安で、不安で……」

途中から、言葉にならなかった。

身体を壊して、仕事ができなくなり、残高120万円の預金しかない。そして、医療費は節約することもできない。刻々と迫る「老後破産」への不安だった。

しばらくうつむいていた澤田さんは、意を決したようにベンチから立ち上がり、コインランドリーへと向かった。

洗濯機から衣類をとり出すと、持ってきたカゴに黙々と投げ込んでいく。そして、口数少なく、コインランドリーをあとにした。

３日後の夕方、浅草の街は人混みで混雑していた。隅田川で行われる灯籠《とうろう》流しを見に来る観光客のためだった。澤田さんも、幼い頃から両親に連れられて灯籠流しにやってきた。今でも、その日は厳粛な思いに包まれる。

宿泊所を出て、川べりの遊歩道を歩くと、水辺の涼しい風が心地よかった。通行人の中には灯籠を手にしている人もいる。川面《かわも》には、灯籠流しに合わせて屋形船が漂っている。

「家族みんなで見にきたことがあったんですよ。取材を受けて母親の話をしていると、久しぶりに行ってみたい気持ちになりましてね」

灯籠を流す時間が近づくと、川沿いはごった返し、係員が「押さないで」「そのまゆっくり進んでください」などと声を張り上げている。

「あっ、流れ始めた」と澤田さんが言った。ひとつ、そして、もうひとつ。次々に明りを灯《とも》した灯籠が流れていく。あっという間に川面はたくさんの灯籠で埋め尽くされていった。

「向こうから見ると、もっと見やすいですよ」

しばらく見ていると、何千、何万という灯籠が、川面に柔らかな炎の光を抱きながら浮かび上がり、幻想的な光景が広がった。澤田さんは両手を合わせ、拝むようにして目を閉じている。亡くなった母親のことを想《おも》い、祈りをささげていたのかもしれない。それから、しばらく流れていく灯籠を見送り、宿泊所に戻ることにした。

部屋に戻ると、澤田さんは、部屋の奥から長い釣竿《つりざお》を取り出した。灯籠流しを見ていて、思い出に興じたくなったのだろう。家を売却した時にも、捨てられずに大切に持っていた釣竿だった。

「こんな生活ですけど、もし夢が叶《かな》うならもう1度だけ、釣りに行ってみたいですね」

この日、叶わぬ夢を語る時にも澤田さんは笑顔だった。思い出にひたる時だけは穏やかな気持ちになれるのかもしれない。


「病院にも行けない」

澤田さんの取材を始めて2か月が経《た》つ頃――夏も終わりに近づいた9月の初め、季節の変わり目だからなのか、澤田さんは急に体調を崩していた。

「このところ頭痛が止まらず、体調が悪いんですよ。夜もあまり眠れないし」

訪ねていっても、布団に横になったままで身体を起こすことさえできないようだった。頭痛は、脳梗塞の再発の怖れもある。

「ちゃんと……病院には行ってません」

澤田さんも、経過観察のために病院へ来るよう言われても、病院には行っていない。行けなくなった理由のひとつは、「入院を断ったから」だった。脳梗塞を診てくれた主治医から、血圧が高めだから、入院をした方がいいと言われた後、その病院に行かなくなっていた。

「入院なんてしたら、何万円とられるか分かりませんよね。そりゃ、入院しないという決断は怖いですが、今の私は前にも後ろにも進めないんですよ。医者にも怒られましたよ。そんなんじゃ死にますよって」

病院に行くことができなくなった後、澤田さんは、一日一日、いや今この一瞬でさえ、いつ倒れてしまうか怖いのだという。そして、毎朝目が覚めると「あー、今日も死んでいなかった」とほっとするのだ。

医療費が高額になれば、一定額以上は返金される制度があることや、無料低額診療を行っている病院があることを説明しても、澤田さんは病院には行く気にならないという。生活保護がダメだったのと同じで、預金を持っているから福祉制度は利用できないと思い込んでいるようだ。それに加えて、生きようという気力が失《う》せてきていることも病院を遠ざけていた。

「間違いなく5、6年後に私がこの世にいることはないでしょうね」

澤田さんは、あきらめ顔でそうつぶやいた。

病気の治療をあきらめたというより、人生そのものをあきらめてしまったかのようだった。

「たとえ高血圧で入院して、体調が回復したとしても、その先に何があるというのだろう……」

入院の先に待ち受けるのは、間違いなく「老後破産」だろう。しかし、入院せずとも、遅かれ早かれ「老後破産」に陥る日がやってくる。そのことが、澤田さんをあきらめ顔にさせていた。

「母親のそばにいたかったから」と介護をきっかけに仕事を失うことになった澤田さん。澤田さんのように親を思いやり、選択した道が、「老後破産」にたどり着く道であって欲しくない。そうした勇気ある選択をした澤田さんだからこそ、「老後破産」の結果、生活保護を受けることになったら、それは救いであって欲しい。そう願って止《や》まない。

終章　拡大再生産される「老後破産」

暮らしていけないんです。
助けて下さい。

2014年9月に放送したNHKスペシャル『老人漂流社会～〝老後破産〟の現実～』から三年以上が経《た》った今も尚《なお》、新聞や雑誌の特集記事で「老後破産」という言葉を目にする機会は少なくない。急増している高齢者の生活保護世帯がその実態を裏付けている。

年収200万円未満の労働者、すなわちワーキングプアが1100万人を超えたというニュースも飛び込んできた。「老後破産」予備軍も膨張しているのだ。

さらに、こうしたワーキングプアの子どもが親の年金をあてにして「共倒れ」するケースも増え続けている。

ある日、福祉窓口に駆け込んできた80代の女性は「もう暮らしていけない」と訴えた。質素にひとり暮らしをしてきた女性のもとに失業した息子が転がり込んできたことが「老後破産」のきっかけだった。

50代でリストラされた息子は、家賃が払えなくなり、実家に戻ってきた。故郷の実家には、父親が亡《な》くなった後、母親がひとりで暮らしていた。農村の旧家だから部屋は余っている。

しかし、母親が息子の出戻りを喜んだのは最初だけ。徐々に生活が苦しくなっていった。

母親の年金は、8万円余りだ。息子の再就職は決まらず、2人分の生活費を賄《まかな》っていたら、赤字が続き、わずかな貯《たくわ》えはすぐになくなった。

それから半年後——本当の不幸がやってきた。息子が脳梗塞《のうこうそく》で倒れたのだ。入院代を支払うために、親戚《しんせき》に頭を下げて回った母親は息子がようやく退院する頃には心労でやつれ果てていた。脳梗塞の後遺症もあって、ますます再就職が難しくなった息子は自宅に閉じこもりがちになっていった。

母親の8万円の年金だけでは、もはや生活を維持していくこともできなくなったのだ。

「暮らしていけないんです。助けて下さい」

こう訴えて母親が福祉の窓口に相談に来たのは、息子と同居が決まったことを喜んでから1年も経たない頃のことだった。家族が寄り添って生きようと決めて選んだ道は、共倒れの末の「老後破産」という結末で終わった。

こうしたケースから見えてきたのは、「老後破産」は決して高齢者だけの問題ではないということだ。

働く世代の子どもがいる人は、子どもに頼れるだろうと思い、周囲も支援は必要ないと判断しがちである。しかし、頼れるはずの子どもの存在がむしろ「老後破産」を招くことにつながっているケースが相次いでいるのだ。

日本では、過去20年近く、働く世代の平均収入が下がり続けている。

もっとも平均所得が高額だった1990年代には1世帯当たり650万円を超えていたのが、2015年（データで確認できる最新の数字）には550万円を下回っている。実に、100万円も減ってきているのだ。平均所得が300万円を下回る世帯は、3割を超えている。

こうして働く世代の「生活力」の基盤が弱くなっている今、親の年金をアテにする人が増えている。しかし、その親もひとり暮らしで「生活力」の基盤が弱い場合、共倒れに陥りかねないのだ。

さらに、親子が同居している場合、「老後破産」に陥っても、すぐには生活保護を受けにくいことがある。しかし、同居した親子の生活困窮が深刻化し、無職の子どもが「ひきこもり」になってしまったり、介護のストレスから子どもが親に暴力をふるったりするなどして、こじれてしまうと、親子を別居させてそれぞれに生活保護などの支援をすすめる「世帯分離」という手法がとられることもある。

前述の母親と息子のケースでは、息子が老人保健施設にリハビリのために入所し、別居の形をとることになった。息子に生活保護を受けてもらって、医療費を無償にする。そして、母親は独居世帯に戻して息子の医療費などの負担をしなくても済む形をとることで、年金で暮らしていけるよう、支援をしていったのだ。

こうした親子共倒れともいえる新たな「老後破産」が相次いでいる背景に何があるのか――。

そのひとつは、「雇用」という社会を支える土台が揺らぎ、将来に備える余力のない労働者が増えているという構造的な要因があるといえるのかもしれない。さらに、「日本の家族」の形が変わり、互いに支える力（つながり）がうすれてきていることもあろう。社会保障制度がこうした〝超高齢社会〟の実状に追いついていないこともそれに拍車を掛けているのだろう。

そして今私たちは、高齢者を支えるべき働く世代が脆弱《ぜいじゃく》化したことも、「老後破産」を深刻化させかねないという側面に迫る取材を続けている。

「老後破産」がひとり暮らしの高齢者に広がっている現実。そして、それは高齢者だけに起きている現象ではなく、働く世代にも「連鎖」や「共倒れ」の形で現れ始めているとすれば、「老後破産」は、将来にわたって日本社会に負の遺産をもたらしかねない問題だと捉《とら》えるべきではなかろうか。

それでは、こうした事態を打開するために何が必要なのだろうか。その問いに対する答えを導き出すために現場取材をさらに掘り下げていきたいと思う。私たち、ひとりひとりの安心できる老後のために――。

おわりに

福岡県の旧産炭地、筑豊《ちくほう》で私は高校まで過ごした。子どもの頃、家には両親と妹弟のほかに祖母が同居していた。彼女は盆と正月に500円程度のお小遣いをくれた。私はそれが楽しみだった。祖母の収入はわずかな年金しかなかったはずだが、貧しいようには見えなかった。両親が面倒を見る3世代同居だったからだ。こうした家庭は珍しくはなかった。友人の家に遊びにいくと、だいたいおじいちゃんかおばあちゃんがいた。昭和30年代後半から40年代、少なくとも私の周囲ではそんな家庭が普通だった。

今、それを普通だと考える人はどれほどいるだろう。

私自身、社会人となってから両親と同居をしたことはなかった。2人とも実家を離れるのを嫌がった。父が他界した後、ひとり暮らしとなった母に同居を持ちかけたがやはり断られた。その母も一昨年に逝《い》った。そして将来、私と妻が、たとえば息子夫婦と孫と一緒に暮らすということは想像したことさえない。こうした認識は私だけではないはずだ。

子どもや孫との同居率はずっと下がり続けていて現在は10%程度に過ぎない。国立社会保障・人口問題研究所によると2035年には、高齢者の約38%が単身世帯になるといわれている。東京に限ると44%がひとり暮らしになると推計されている。これに対して制度はどうだろう。

国民全員が加入する国民年金制度ができたのは、1961年。

その頃は子や孫との同居が当たり前だった。だから私の祖母のように、年金は孫の小遣いに回せる程度でもよかった。ところが家族形態が激変する中で年金はその性質を大きく変えた。十分な収入がある人は、穏やかな老後を送ることができるのだろう。しかしそうでない人は、年金を頼りに暮らしていかなければならない。

家族形態の変化に、制度が追いついていないのではないか。番組で取材したある研究者は、「結局、高齢者問題はお金でほとんど解決できるのです」といっていた。

むろん財政が厳しい時代を迎えていることも否定できない。ではどうすればいいのか。

明治学院大学の河合克義教授は、フランスの「制度間調整」という仕組みを紹介してくれた。

日本の場合、少ない年金で暮らす人であっても医療や介護の負担は原則的に1割とされるが、フランスでは収入が低い人が医療や介護の費用を支払った結果、ある水準の収入を下回ってしまう場合は費用を安くする、といった制度の調整を行う仕組みがあるそうだ。つまり最低の生活水準は常に確保するという思想だ。さらに河合教授は、「たとえば収入が少ないので病院に行くのをためらったり介護を受けなかったりすると、症状が重くなり、そちらのほうが結果的に社会的コストは高くなる。『老後破産』にならないような仕組みを作っておくほうが安上がりなのです」

とも話していた。参考にすべき指摘なのではないだろうか。

番組には放送後、多くの視聴者から反響が寄せられた。意外だったのは若い世代の人たちからの反応だ。「他人事《ひとごと》ではない」「今のうちに蓄えておかないと私もこうなってしまう」というものだ。

実は番組制作中、スタッフたちとも話し合ったのだが、深刻なのは「老後破産」が次の世代にも引き継がれていくのではないかという問題だ。本書の第5章で紹介したような、親の面倒を見るため会社を辞めたのはいいが、その後収入がなくなり自らが「老後破産」に追い込まれかねなくなるというケースだ。

若い世代の人たちからの反響はそのことと呼応しているように思える。

非正規雇用など不安定な雇用が増加するなか、結婚しない若者もまた増えてきている。親の年金に頼っているうちはまだしも、その先にある「老後破産」の再生産。

私たちは今、この問題の取材を開始している。

文庫版に寄せて

２０１７年初め、大切な人を亡《な》くした。「老後破産」という現実に向き合いながらも、前向きに生き続けた女性だった。その人との出会いは、ＮＨＫスペシャル『無縁社会』（２０１０年1月放送）の取材。8年間、本当に親しくさせてもらった若山鉢子さんが突然、いなくなってしまった。最期《さいご》、仕事で忙しく、半年余り会えないまま、独りで旅立たせてしまったことが心残りで仕方ない。おそらく私以外、若山さんの家を訪ねる人はなかった。それほど、独りぼっちで生きていた。

若山さんは、40代半ばの頃、介護していた母親を看取《みと》った後、頼れる家族はいなくなった。母親の介護のために婚期を逃し、仕事を辞めた後は、ほとんど人と会うことさえない生活を送っていた。

取材当時は、79歳。70歳まで助産師の仕事をしていたせいか、足腰もしっかりしていて、一緒に歩くと置いていかれそうになるほど、早足で、元気な人だった。看護師の仕事を40年以上続けていたが、介護と両立するためにパート看護師として働いたため、年金は8万円ほどだった。それでも若山さんは、やりくり上手で、節約に節約を重ね、生活していた。食材は安い時にまとめ買いして、小分けに冷凍して食べていた。冷凍庫には、刻んだネギ、すり下ろしたショウガ、ゆでたホウレンソウなどが、1回分ずつラップに包んでぎっしりと入れられていた。「安い時にまとめて買って、こうしておけば、便利だし、節約になるでしょう」と得意げに見せてくれた、いたずらっ子のような笑顔も忘れられない。

ある日、若山さんの家から帰ろうとすると「卵が余っているから、ゆで卵にするから食べてくれない？」と頼まれた。取材先で、ご馳走《ちそう》になるのは気が引けるが、腐って捨てるぐらいなら、と思い食べることにした。ゆで卵は好物で、2個をぺろりと食べて「美味《おい》しかったです、ごちそうさまです」と言うと、本当に嬉《うれ》しそうにしていた。そして、その次に若山さんの家を訪ねると、帰り際《ぎわ》に「お土産のゆで卵。新幹線の中で食べて行ってね」。それ以来、ゆで卵は、毎回用意されていた。薬包紙の折り方でたたまれた紙には、1個分の塩が包まれていた。本当に人を喜ばせるのが大好きな人だった。

ある日、相談を受けた。

「一人暮らしは寂しいから、安い施設を探して、マンションを引き払おうと思うの。

預金は数百万円ほどあるから、年金で足りない分は、預金を崩して入ろうと思って計算したの」

若山さんが見つけたのは、湖のほとりにある17万円で3食付きの有料老人ホームだった。毎月10万円近く崩していけば、預金が底をつくまで、3年しかもたない。病気か何か出費があれば、2年ぐらいで底をついてしまうかもしれない……。

「それ以上に長生きしたら、どうするの？」

「破産したら、死んでしまえばいいさ。それが私の寿命」

若山さんは、ちょっといじけた表情でそうつぶやいた。私は全力で反対し、若山さんはマンションで一人暮らしを続けた。そして6年余り生きて、2017年、亡くなった。

生前に、NPOと契約していた若山さんは、火葬や納骨はNPOが行い、4月に名古屋市内の共同墓地に納骨された。

若山さんとその墓地を訪れたことを思い出した。その時、すでに数百人が納骨されている大きな共同墓だった。

「大勢の人と一緒に墓に入れば、あの世では寂しくないから、安心できる。あの世で、もう一度、看護師として働きたいの」と話しながら、見せてくれた笑顔はとても、穏やかだった。

納骨から2ヶ月後、突然、名古屋に異動辞令が出た。若山さんに呼ばれたのかもしれない——名古屋で初めての休みの日、共同墓地へ墓参りに向かった。蒸し暑い日だった。墓碑銘に「若山鉢子」の名前を見つけた時、なぜか、ほっとしたことを覚えている。

「お金なんか、持っていないから、小さなことでも幸せになれるのよ」

どんな境遇でも、前向きに生きていた若山さんに多くのことを教えられたように思う。

『老後破産』の刊行から、2年——孤立して生きる高齢者の現実は全く変わっていない。むしろ、「負担増」と「年金収入の減少」が同時に進み、深刻さが増しているともいえる。

さらに、この2年間で見えてきたのは「家族で暮らしていても、老後破産に追い詰められる」という厳しい現実だった。

年金で医療や介護を十分に受けられないひとり暮らしの高齢者が、子どもに頼った場合、どうなるのか——子どもも非正規労働などで親を支援する経済的な余裕がないと、介護サービスを頼むことはできず結果として「子どもが親を介護せざるをえない」という状況に追い込まれる。

そうした時、子どもが離職して、親と同居しながら介護をするようになると、親一人でさえやっとという年金収入で、二人が暮らしていかなくてはならなくなる。いずれ、老後破産は必至だ。


さらに、今の高齢者の3分の1近くを占める「団塊世代」には、より厳しい現実が待ち受けている。親を支える余力がない「団塊ジュニア世代」が、自らの子育てだけで精一杯で、むしろ高齢の親に経済的に依存しなければやっていけないほどの状況になっているためだ。団塊ジュニア世代は、非正規労働者の割合が高く、格差が大きい世代だ。子どもの教育にも十分にお金をかけられる世帯と、教育どころか、食費さえ削らなければやっていけないという世帯に、大きく二分されるといっても過言ではない。つまり、親が団塊ジュニア世代より若い世帯の中には、その子どもたちも生活に困窮する状況が広がっているのだ。

老後破産が深刻化する一方で、子どもたちの間で広がる「見えない貧困」。わたしたち大人が「見ようとしなければ、見えない」子どもたちの貧困を次のテーマに掲げ、取材を続けている。そして、NHKスペシャル『見えない〝貧困〟～未来を奪われる子どもたち』を放送した後、その取材の全《すべ》てを書き残したいという思いで、今、『見えない貧困』を綴《つづ》っている。

若山さんは、私にこう話したことがある。

「結婚して、家族を持って、子どもを育てててっていう普通の暮らしをしたいって思ったこともあるのよ。でも、そんな普通の夢がかなわないものなのよね」

ごく当たり前に家族と暮らすことさえ、手に入らない夢になってはならない。孤立と貧困をどう解決し、優しい社会を実現できるのか――そのために、できることを積み上げていきたい。

2017年11月

NHK名古屋放送局　チーフ・プロデューサー
板垣　淑子

解　説

藤森克彦

はじめに

大学の「社会保障論」の講義の中で、NHKスペシャル「老後破産」を教材に用いると、学生は衝撃を受ける。「なぜ高齢期に、こんな悲惨なことが起こるのか」「社会保障制度はどうなっているのだ」と——。丹念な取材で一人暮らし高齢者の生活を浮き彫りにしたルポは、若者の目を社会に向けさせ、社会のあるべき姿を思索させる力をもつ。

本書が取りあげた一人暮らし高齢者の「老後破産」は、日本の「家族依存型」社会保障制度が大きな岐路に立っていることを示している。日本では、高齢期の貧困、介護、孤立といった生活上のリスクに対して、家族が大きな役割を果たしてきた。しかし、世帯規模が小さくなり、家族・世帯の形態が大きく変わる中で、家族・世帯の支え合い機能が弱体化している。単身世帯（一人暮らし）は、その象徴である。

65歳以上の一人暮らし高齢者数は、1985年から2015年の30年間で、118万人から593万人へと5倍になった。また、65歳以上人口に占める一人暮らしをする人の比率も、1985年の9％から2015年の18％へと倍増した。特に、80歳以上女性では、その4人に1人が一人暮らしとなっている。そして、国立社会保障・人口問題研究所の推計（2010年基準推計）によれば、80歳以上女性の一人暮らしは、2015年の167万人（総務省『国勢調査』に基く実績値）から2030年には256万人へと1・5倍に増加するとされている。

また、一人暮らし高齢者の中で未婚者の比率の高まりといった質的変化もみられる。例えば、70代の一人暮らし男性の配偶関係をみると、未婚者の割合は1985年には5％に過ぎなかったが、2015年には25％に上昇した。一方、妻と死別した人の同比率は1985年には70％であったが、2015年には39％に低下している。本書でも示されていた通り、未婚の一人暮らし高齢者は、「老後破産」に陥りやすい。というのも、未婚の一人暮らし高齢者は、配偶者だけでなく、子どももいないことが考えられるので、老後を家族に頼ることが一層難しくなるためだ。

以下では、一人暮らし高齢者の貧困の実態を概観した上で、「老後破産」の背景を考えていく。そして、制度面を中心に対応策を考えていきたい。具体的には、本書の多くの事例で共通に取りあげられていた、①国民年金（基礎年金）の給付額が低いこと、②医療・介護費の自己負担や家賃負担が重いこと、③生活保護制度が利用しにくいこと、④相談窓口が乏しいこと、といった点を取りあげる。そして最後に、「老後破産」に対して、筆者が重要と考える点を指摘する。

1．一人暮らし高齢者の貧困の実態と公的年金

日本の高齢者は「豊かな高齢者」と言われてきたが、国際的にみると高齢者に占める低所得者の比率は高い。OECDの調査によれば、2010年の日本の高齢者の相対的貧困率（注）は19・4％であり、フランス（5・4％）、カナダ（7・2％）、英国（8・6％）、ドイツ（10・5％）、イタリア（11・0％）よりも高く、米国（19・9％）とほぼ同程度である。

そして日本の高齢者の相対的貧困率を世帯類型別に比べると、貧困率が高いのは、単身世帯である。高齢単身世帯の相対的貧困率は、男性29・3％、女性44・6％にのぼり、高齢者全体の相対的貧困率（男性15・1％、女性22・1％）の2倍程度の高い水準になっている（阿部彩〔2014〕「相対的貧困率の動向」貧困統計HP）。また、他の世帯類型と比べても、男女ともに高齢単身世帯の貧困率が最も高い。

高齢単身世帯の貧困率が高い背景

では、なぜ一人暮らし高齢者では、相対的貧困率が高いのか。一人暮らし高齢者の収入構成をみると、公的年金が7割を占めており、その比重が大きい。そこで、公的年金との関係から、高齢単身世帯が貧困に陥りやすい要因をみると、①高齢単身世帯は二人以上世帯に比べて、「国民年金（基礎年金）」のみを受給しており、公的年金の二階建て部分である「厚生年金・共済年金」を受給しない人の比率が高いこと、②厚生年金・共済年金を受給する単身世帯であっても、女性を中心に現役時代の賃金が低い人や、就労期間が短い人の比率が高いこと、③高齢単身世帯では、男性を中心に、現役時代に年金保険料を納めずに無年金者となった人の比率が高いこと、といった点があげられる。

特に、国民年金（基礎年金）の受給額は、保険料を40年間支払って満額の月6・5万円である。保険料納付期間が40年間より短ければ、その分受給額は減額される。本書でも示されていた通り、国民年金（基礎年金）のみに頼った生活は、かなり厳しい。

国民年金（基礎年金）のみを受給する高齢者

それでは、どのような人々が、国民年金（基礎年金）のみを受給する高齢者となるのか。基本的には「自営業者・短時間労働者グループ」であり、現役時代に自営業や農業などに従事した人、パート労働に従事した人である。

一方、被用者（サラリーマン）であれば、国民年金（基礎年金）に加えて、厚生年金を受け取ることができるので、貧困に陥りにくい。また、現役時代に本人が自営業やパートに従事していても、配偶者が被用者であれば、世帯全体では厚生年金を受け取れるので、貧困に陥りにくい。これに対して、現役時代にパートとして働き、未婚のまま高齢期を迎えた一人暮らしの人や、夫婦で自営業を営み、配偶者と死別して一人暮らしになった人は、国民年金（基礎年金）のみの受給となる。

（注）「相対的貧困率」は、世帯の可処分所得（収入から税金・社会保険料等を除いたいわゆる手取り収入）を世帯規模で調整して「等価可処分所得」を割り出し、その中央値の半分の額（貧困ライン）以下で生活する人々をいう。ちなみに、厚生労働省『平成25年国民生活基礎調査』の２０１２年の貧困ラインは年収１２２万円であり、これに満たない人の割合が相対的貧困率となる。

なお、相対的貧困率は「所得」のみに着目した指標であり、資産などが考慮されていないことに留意が必要である。

厚生年金が適用されない理由

では、なぜ「自営業者・短時間労働者グループ」には厚生年金が適用されないのか。一つの理由は、自営業者や農業従事者には定年がないため、高齢期にも自営業収入を得られると考えられてきたことがある。もう一つの理由は、被用者に比べて、自営業者や農業従事者の所得を正確に把握することが難しいことがあげられる。「クロヨン」と呼ばれるように、税務署による課税所得捕捉《ほそく》率は業種によって異なり、おおむね被用者9割・自営業者6割・農業従事者4割であるとされている。厚生年金は、所得に応じて保険料と受給額が決まるので、正確な所得の把握ができないとその適用が難しい。

筆者は、低年金による貧困問題は、公的年金の改革というよりも、後述する資力調査を緩和した「高齢者向けの生活保護制度」の創設などで対応すべきだと考えている。なぜなら、公的年金制度は高齢期の「貧困予防」を目的として、基本的には現役時代の保険料拠出に基づいて給付額が決まるので、年金の枠内での所得の再分配には限界がある。また、公的年金の給付水準だけで、貧困かどうかを判断することも難しい。既に貧困に陥った人の「救済」は、生活保護制度などに委《ゆだ》ねるべきと考えている。

短時間労働者への厚生年金の適用拡大

ただし、短時間労働者への厚生年金の適用拡大は、今後高齢単身世帯になる人々の貧困を予防する政策として実施すべきである。現役世代の単身世帯は、二人以上世帯に比べて、非正規労働に従事する人の比率が高い。そして、非正規労働者の半数は、短時間労働者である。短時間労働に従事する未婚者が高齢期を迎えた場合、国民年金（基礎年金）のみを受給することになり、貧困に陥るリスクが高い。

ところで、短時間労働者は、被用者なので所得の把握を正確に行なえる。また、短時間労働者には定年があり、高齢期に収入を得る手段は乏しい。つまり、短時間労働者は、正確な所得捕捉ができ、定年もあるのだから、厚生年金が適用されるべきである。

なお、厚生年金の適用拡大は2016年に実施されたが、様々な要件がつけられたために対象者が限定されている。貧困予防のために、厚生年金の一層の適用拡大が望まれる。

2. 医療費や介護費の負担が重い

本書では医療や介護保険の自己負担（利用者負担）が重いために、必要な医療・介護サービスの受診・利用を抑制している一人暮らし高齢者の事例が多数示されていた。保険料を支払ってきたのに、自己負担の重さから医療・介護サービスを抑制せざるを得ないのは不合理である。

自己負担の現状をみると、医療費の自己負担は、75歳以上は医療費の1割（現役並み所得者は3割）、70歳から74歳までは2割（現役並み所得者は3割）、70歳未満は3割となっている。また、介護費の自己負担は、年金収入ベースで年間280万円以上の世帯は2割負担、280万円未満の世帯は1割である（2017年現在）。

一方、自己負担が過重にならないように、医療・介護ともに、おのおの自己負担に一定の限度額を設けている。特に、低所得者には自己負担の上限額が低めに設定されている。例えば、70歳以上の高齢者の場合、医療・介護ともに、住民税非課税世帯は月額2万4千6百円を上限とし、さらに年金収入80万円以下の世帯の上限は月額1万5千円となっている（2017年度現在）。

しかし、本書で示された通り、低めに上限額が設定されたとはいえ、低所得高齢者にとって自己負担は重く、必要なサービスの利用抑制を招いてしまっている。医療や介護の保険料を支払ってきた人には、そのサービスを受ける権利がある。それにもかかわらず、自己負担の重さゆえにサービスを抑制する状況は、社会保険の存在意義が問われる。

医療・介護費の自己負担は、できる限り、低額・低率にとどめるべきである。さらに、自己負担の上限は、低所得者の負担能力に応じた、よりきめ細かな設定が必要であろう。なお、医療保険や介護保険の財政状況はひっ迫しており、財源確保は当然必要である。しかし、その財源を利用者の自己負担に求めるのではなく、社会保険料や租税の引き上げで対応すべきである。というのも、社会保険料は、病気や要介護になって貧困に陥ることを防ぐために、幅広い層が予め負担するものだ。これに対して、自己負担は、病気や要介護になった人々が負担するものである。特に、高齢期には医療や介護サービスの利用頻度が増えるので、負担が過重になりがちである。

3．家賃負担が重い

本書では、家賃が家計を圧迫している高齢単身世帯の事例が紹介されていた。単身世帯は二人以上世帯に比べて持ち家率が低いので、高齢期にも家賃負担を負う人の比率が高い。例えば、70歳以上の持ち家率を世帯類型別にみると、二人以上世帯では89

%なのに、単身世帯では68%と約20ポイントも低い（総務省『平成25年住宅・土地統計調査』）。この背景には、二人以上世帯では結婚や出産による世帯規模の拡大に合わせて住宅購入を検討する機会が生じるのに対して、単身世帯では未婚者を中心にこのような機会が乏しく、そのまま高齢期を迎えることがあげられる。

筆者は、借家に住む単身世帯が増える中で、生活保護には至らない低所得者層を対象に、家賃を公的に支援する「家賃補助制度」の創設を検討すべきだと考えている。大陸ヨーロッパでは、住宅を「社会資本」と捉《とら》えて、政府・自治体、公的機関、非営利機関などが手頃な家賃の社会賃貸住宅を提供している国が多い。また、生活保護制度とは別に、低所得者及びそれより少し上の所得階層を対象に、家賃補助制度を設ける国もある。

日本では持ち家政策を中心に進めてきたため、民間賃貸住宅の家賃水準が高く、公営住宅の供給量も不足している。今後も、未婚の単身世帯を中心に、借家に住み続ける人々が増加していく。家賃を公的に支援できれば、貧困に陥らずに生活できる高齢単身世帯が増えていくと思われる。

4. 高齢者向けの生活保護制度

本書では、貯蓄や持ち家といった資産があるために生活保護を受給できない一人暮らし高齢者が描かれていた。資産を保有する理由として、将来不安、葬儀代としての貯蓄、先祖代々の土地を売却したくないという思い、などの様々な事情があげられていた。また、生活保護受給に対する屈辱感や周囲の目などもあり、生活保護の申請をためらう人もいた。

生活保護制度は、憲法が定める「健康で文化的な最低限度の生活」(生存権)を、国が最終的に保障する制度である。一方、生活保護の受給に当たっては、保有資産、働く能力、親子間の援助支援などあらゆるものを活用しても生活できないことが要件となる。そのため、支給に当たっては、福祉事務所が収入や資産などを調査(資力調査)することになっている。資力調査は、生活困窮者にとっては厳しく煩《わずら》わしいものであるが、最低生活が保障されているかどうかを審査するために必要な措置である。

筆者は、貧困に陥った高齢者を救済する政策として、「高齢者向けの生活保護制度」を設けてはどうかと考えている。同制度の特徴は、一般の生活保護制度に比べて資力調査が緩和され、給付水準が高めに設定される点にある。年金生活者は、若い人よりも労働供給の促進に影響しないので、給付水準を高め、少額の貯金の保有を許容しても、労働市場への弊害は小さい。こうした制度は、米国、英国、ドイツ、フランスなどの主要先進国でも設置されている。

5. 生活困窮者に対する相談窓口

高齢者の一人暮らしでは、社会的孤立も問題になっている。例えば、世帯類型別に会話頻度をみると、「2週間に1回以下」と回答した人の割合は、高齢夫婦のみ世帯では、男性4・1％、女性1・6％なのに対して、高齢単身世帯では男性16・7％、女性3・9％となっている（国立社会保障・人口問題研究所〔2013〕「生活と支え合いに関する調査結果の概要」）。

この点、2015年に生活困窮者自立支援制度が成立し、生活困窮者に対する相談窓口が、全国の福祉事務所設置自治体に置かれている。そこでは、経済的困窮のみならず、社会的孤立も含めて、幅広く相談に乗ることになっている。

今「老後破産」に陥って、途方に暮れている一人暮らし高齢者の方は、一人で抱え込まないで、こうした相談窓口を訪れてほしい。本人でなくとも、友人・知人による相談でも構わない。事態が悪化する前に相談できれば、生活再建に向けた糸口も見つけやすい。

6. 支え合う社会に向けて

高齢単身世帯が増加する中で、支え合う社会を築くことが求められている。そこで最後に、支え合う社会に向けて筆者が重要と考える三つの点を指摘していきたい。

第一に、社会保障の機能強化である。日本では、家族が大きな役割を果たしてきたため、政府が支出する社会保障給付費の支出規模は低い水準にある。一般に、高齢化率が高い国は、社会保障費の規模も大きくなる傾向がみられるが、国際比較をすると、日本は高齢化率の割に、社会保障給付費の支出比率（対ＧＤＰ比）が低い水準にある。

家族や世帯の機能が低下する中で、家族に従来通りの役割を求めることは難しい。財源を確保して、社会保障を強化していくことが求められている。例えば、上述の家賃補助制度や高齢者向けの生活保護制度などを検討すべきだ。また、家族介護に頼れない一人暮らし高齢者も増えていくので、介護保険も強化する必要があろう。

ただし、日本は巨額の財政赤字を抱えているので、借金の元利払いもしなくてはならない。険しい道のりではあるが、税や社会保険料の引き上げによって、「財政再建」と「社会保障の機能強化」を両立させていくしかない。そして現段階であれば、両立は可能であるし、社会保障の強化によって国民の暮らし向きを高めていける。

第二に、地域づくりである。身寄りのない高齢単身者であっても、安心して住み慣れた地域で自立した生活を送れるように、医療、介護、生活支援などの提供者が、地域ごとにネットワークを築くことが求められる。

また、「住民サイドのネットワーク」の構築も重要だろう。地域の住民同士で交流し、支え合える関係をどのように築いていくのか。特に、今後75歳以上の高齢単身者が増えていくのは大都市圏である。大都市圏の大規模団地やマンションなどでは、隣近所と人間関係が築かれていないことも珍しくない。大都市圏で、どのように住民ネットワークを築いていくのかは大きな課題となっている。

第三に、働き続けられる社会の構築である。健康で就労意欲をもつうちは、働くことが、貧困や孤立の予防になる。特に、今後、少子高齢化によって公的年金の給付水準の低下が予測されている。しかし、働き続けて公的年金の受給開始年齢を65歳以降にすれば割増年金を得て、低下分を補うことも考えられる（繰下げ受給）。

一方、生産年齢人口は減少していくので、企業にとっても高齢者の労働力は必要になる。このためには、就労を希望する高齢者が働けるように雇用環境を整える必要があろう。

ただし、全ての高齢者が働き続けられるわけではない。働くことが困難な人々にはセーフティーネットの強化と地域における居場所作りが重要になる。

確かに、巨額の財政赤字を抱えるなど、「重苦しい現実」はある。しかし、財源をきちんと確保して、支え合う社会を構築することは、国民の意思でできることだ。しかも、誰もが高齢期に一人暮らしになる可能性がある。「長生きをしてよかった」と思える老後にするためにも、家族だけに依存しない「支え合う社会」を築くことが求められている。

（２０１７年12月、日本福祉大学教授／みずほ情報総研主席研究員）

原　拓也（はら・たくや）

1981年生まれ。早稲田大学法学部卒業。2004年ＮＨＫ入局。大阪放送局、首都圏放送センター、報道局社会番組部を経て現在、札幌放送局。主な担当番組に首都圏スペシャル『あなたらしい老後と死は？〜無縁社会の中で〜』（12年）、ＮＨＫスペシャル『終の住処はどこに〜老人漂流社会〜』、ＮＨＫスペシャル『"認知症800万人"時代　"助けて"と言えない〜孤立する認知症高齢者〜』、ＮＨＫスペシャル『あの日から３年　被災地 こころの軌跡〜遺族たちの歳月〜』（14年）。

執筆者プロフィール

鎌田　靖（かまだ・やすし）＊「はじめに」と「おわりに」執筆

1957年、福岡県生まれ。81年3月、早稲田大学政経学部卒業。同年4月、記者としてＮＨＫ入局。87年、報道局社会部。検察取材などを担当。93年、神戸放送局デスク。95年、阪神淡路大震災の取材指揮。99年、報道局社会部副部長。司法キャップなどを歴任。2005年、解説委員。『週刊こどもニュース』のお父さんを4年間担当。09年、報道番組『追跡！ＡｔｏＺ』キャスター。11年、ＮＨＫスペシャル『シリーズ東日本大震災』キャスター。著書に『新しい公共と自治の現場』（共著・コモンズ）『週刊こどもニュースのお父さんが教えるニュースのことば』（角川学芸出版）『ワーキングプア　日本を蝕む病』（共著・ポプラ社）『ワーキングプア　解決への道』（同）など。論文「志ある報道で『発表ジャーナリズム』を超える」（Ｊｏｕｒｎａｌｉｓｍ）

板垣　淑子（いたがき・よしこ）

1970年生まれ。東北大学法学部卒業。94年NHK入局。報道局制作センター、仙台放送局、報道局社会番組部、スペシャル番組センター等を経て、現在、名古屋放送局。主な担当番組は、ＮＨＫスペシャル『ワーキングプア～働いても働いても豊かになれない～』（2006年・ギャラクシー賞大賞）、ＮＨＫスペシャル『無縁社会～“無縁死”3万2千人の衝撃～』（10年・菊池寛賞）、ＮＨＫスペシャル『終の住処はどこに～老人漂流社会～』（13年・アメリカ国際フィルム・ビデオ祭ゴールドカメラ部門1位）、ＮＨＫスペシャル『“認知症800万人”時代　“助けて”と言えない～孤立する認知症高齢者～』（13年・ギャラクシー賞選奨）ほか多数。14年には放送文化基金賞個人賞を受賞。

○ＮＨＫスペシャル『老人漂流社会〜“老後破産”の現実〜』制作スタッフ

キャスター	鎌田靖
語り	柴田祐規子
音楽	得田真裕
撮影	宝代智夫
照明	伊藤尊之
技術	松田英明
音声	高橋正吾
音響効果	小野さおり
編集	小澤良美
ディレクター	原拓也
制作統括	板垣淑子

※本番組は2015年６月、ギャラクシー賞選奨を受賞した。

この作品は二〇一五年七月新潮社より刊行された。
文庫化にあたり改訂を行った。

NHKスペシャル取材班著

日本海軍400時間の証言
—軍令部・参謀たちが語った敗戦—

開戦の真相、特攻への道、戦犯裁判。「海軍反省会」録音に刻まれた肉声から、海軍、そして日本組織の本質的な問題点が浮かび上がる。

NHKスペシャル取材班編著

日本人はなぜ戦争へと向かったのか
—外交・陸軍編—

肉声証言テープ等の新資料、国内外の研究成果をもとに、開戦へと向かった日本を徹底検証。列強の動きを読み違えた開戦前夜の真相。

NHKスペシャル取材班編著

日本人はなぜ戦争へと向かったのか
—メディアと民衆・指導者編—

軍に利用され、民衆の〝熱狂〟を作り出したメディア、戦争回避を検討しつつ避けられなかったリーダーたちの迷走を徹底検証。

NHKスペシャル取材班編著

日本人はなぜ戦争へと向かったのか
—果てしなき戦線拡大編—

戦争方針すら集約できなかった陸海軍、軍と一体化して混乱を招いた経済界。開戦から半年間の知られざる転換点を徹底検証。

NHKスペシャル取材班著

未解決事件
グリコ・森永事件
捜査員300人の証言

警察はなぜ敗北したのか。元捜査関係者たちが重い口を開く。無念の証言と極秘資料をもとに、史上空前の劇場型犯罪の深層に迫る。

NHKスペシャル取材班著

高校生ワーキングプア
—「見えない貧困」の真実—

進学に必要な奨学金、生きるためのアルバイト……「働かなければ学べない」日本の高校生の実情に迫った、切実なルポルタージュ。

NHK「東海村臨界事故」取材班

朽ちていった命
―被曝治療83日間の記録―

大量の放射線を浴びた瞬間から、彼の体は壊れていった。再生をやめ次第に朽ちていく命と、前例なき治療を続ける医者たちの苦悩。

本橋信宏著

上野アンダーグラウンド

視点を変えれば、街の見方はこんなにも変わる。誰もが知る上野という街には、現代の魔境として多くの秘密と混沌が眠っていた……。

金田一春彦著

ことばの歳時記

深い学識とユニークな発想で、四季折々のことばの背後にひろがる日本人の生活と感情、歴史と民俗を広い視野で捉えた異色歳時記。

外山滋比古著

日本語の作法

『思考の整理学』で大人気の外山先生が、あいさつから手紙の書き方に至るまで、正しい大人の日本語を読み解く痛快エッセイ。

城戸久枝著

あの戦争から遠く離れて
―私につながる歴史をたどる旅―
大宅壮一ノンフィクション賞ほか受賞

二十一歳の私は中国へ旅立った。戦争孤児だった父の半生を知るために。圧倒的評価でノンフィクション賞三冠に輝いた不朽の傑作。

青木冨貴子著

731
―石井四郎と細菌戦部隊の闇を暴く―

731部隊石井隊長の直筆ノートには、GHQとの驚くべき駆け引きが記されていた。戦後の混乱期に隠蔽された、日米関係の真実！

押川剛著

「子供を殺してください」という親たち

妄想、妄言、暴力……息子や娘がモンスター化した事例を分析することで育児や教育、そして対策を検討する衝撃のノンフィクション。

稲垣栄洋著

一晩置いたカレーはなぜおいしいのか
―食材と料理のサイエンス―

カレーやチャーハン、ざるそば、お好み焼きなど身近な料理に隠された「おいしさの秘密」を、食材を手掛かりに科学的に解き明かす。

加藤陽子著

それでも、日本人は「戦争」を選んだ
小林秀雄賞受賞

日清戦争から太平洋戦争まで多大な犠牲を払い列強に挑んだ日本。開戦の論理を繰り返し正当化したものは何か。白熱の近現代史講義。

国分拓著

ヤノマミ
大宅壮一ノンフィクション賞受賞

僕たちは深い森の中で、ひたすら耳を澄ました――。アマゾンで、今なお原初の暮らしを営む先住民との150日間もの同居の記録。

清水潔著

桶川ストーカー殺人事件　遺言

「詩織は小松と警察に殺されたんです……」悲痛な叫びに答え、ひとりの週刊誌記者が真相を暴いた。事件ノンフィクションの金字塔。

清水潔著

殺人犯はそこにいる
―隠蔽された北関東連続幼女誘拐殺人事件―
新潮ドキュメント賞・
日本推理作家協会賞受賞

5人の少女が姿を消した。冤罪「足利事件」の背後に潜む司法の闇。「調査報道のバイブル」と絶賛された事件ノンフィクション。

門田隆将著
なぜ君は絶望と闘えたのか
―本村洋の3300日―
愛する妻子が惨殺された。だが、犯人は少年法に守られている。果たして正義はどこにあるのか。青年の義憤が社会を動かしていく。

梯 久美子著
散るぞ悲しき
―硫黄島総指揮官・栗林忠道―
大宅壮一ノンフィクション賞受賞
地獄の硫黄島で、玉砕を禁じ、生きて一人でも多くの敵を倒せと命じた指揮官の姿を、妻子に宛てた手紙41通を通して描く感涙の記録。

海堂 尊監修
救 命
―東日本大震災、医師たちの奮闘―
あの日、医師たちは何を見、どう行動したのか。個人と職業の間で揺れながら、なすべきことをなした九名の胸を打つドキュメント。

最相葉月著
絶対音感
小学館ノンフィクション大賞受賞
それは天才音楽家に必須の能力なのか？ 音楽を志す誰もが欲しがるその能力の謎を探り、音楽の本質に迫るノンフィクション。

最相葉月著
星新一（上・下）
―一〇〇一話をつくった人―
大佛次郎賞・講談社ノンフィクション賞受賞
大企業の御曹司として生まれた少年は、いかにして今なお愛される作家となったのか。知られざる実像を浮かび上がらせる評伝。

最相葉月著
セラピスト
心の病はどのように治るのか。河合隼雄と中井久夫、二つの巨星を見つめ、治療のあり方に迫る。現代人必読の傑作ドキュメンタリー。

老《ろう》後《ご》破《は》産《さん》

—長寿という悪夢—

新潮文庫　え - 20 - 9

平成三十年二月一日　発行
令和　六　年六月三十日　十三刷

著　者　NHKスペシャル取材班《しゅざいはん》

発行者　佐藤隆信

発行所　株式会社　新潮社

郵便番号　一六二―八七一一
東京都新宿区矢来町七一
電話　編集部(〇三)三二六六―五四四〇
　　　読者係(〇三)三二六六―五一一一
https://www.shinchosha.co.jp

価格はカバーに表示してあります。

乱丁・落丁本は、ご面倒ですが小社読者係宛ご送付ください。送料小社負担にてお取替えいたします。

印刷・株式会社光邦　製本・株式会社大進堂

ISBN978-4-10-128379-1　C0195